메멘토 모리

메멘토 모리

MEMENTO MORI

나이듦과 죽음에 관한
로마인의 지혜

피터 존스 지음 | 홍정인 옮김

교유서가

차례

머리말

요즘 책들은 하나같이 이렇게 선언한다. 식생활과 의료 환경의 개선 덕분에 이제 고령은 흥미진진하고 새로운 현상이 되었으며 그 가능성은 무한대라고. 그리하여 머지않아 우리 모두 영생하거나 영생을 시도하겠다는 야심찬 기대를 품을 수 있으리라는 것이다. 930년을 산 아담이나 성서 최장수 기록 보유자로 969년을 살았다는 므두셀라는 이 말에 코웃음 칠지 모르겠다. 하지만 이들도 고대 바빌로니아(오늘날 이라크)의 수메르 왕들과 견주면 요절한 축이라 할 수 있으니, 그중에서도 특히 엔멘루아나왕은 43,200년이라는 기록을 세웠다.

하여간 하느님의 진노는 성서 속 영웅들의 목숨을 단축했다. 아브라함은 겨우 175년밖에 살지 못했고 이삭은 180년, 요셉은

110년을 살았다. 그리고 창세기 6장 3절에서 하느님은 인간의 수명을 넉넉히 120년으로 정해주었다. 최근 캐나다에서 수행한 연구에 따르면 인간이 도달할 수 있는 최대 수명은 125세라고 한다. 60세가 되면 또 한번의 멋진 인생이 온전하게 남아 있는 셈이다(첫 60년간 지게 된 짐을 모조리 다음 60년간 지고 가야 하지만). 이 얼마나 대단한 전망인가. 하지만 역시 예측은 늘 어렵다. 더군다나 그것이 미래에 관해서라면.

고대 그리스인과 구약 시편은 70년 안팎이라는 더 현실적인 수치를 제시했다. 그러나 그것도 운이 아주 좋을 때 이야기였다. 로마인들은 한니발 장군에 맞선 칸나이 전투(기원전 216년)에서 단 하루 만에 5만여 병사를 잃었다. 서기 165년 마르쿠스 코르넬리우스 프론토는 가까운 벗 마르쿠스 아우렐리우스 황제에게 이렇게 써 보냈다.

나는 살면서 가장 고통스러운 상황에서 자식 다섯을 잃었습니다. 제각기 따로 죽음을 맞았고 매번 독자였지요. 자식 잃는 고통을 연이어 겪었는데, 그게 매번 먼저 아이와 사별한 연후에 새 아이를 얻는 식이었어요. 그러니 늘 위안 삼을 다른 자식 없이 자식을 잃었으며 여전히 생생한 슬픔 속에 새 아이를 맞았지요.

서기 165년부터 180년 사이에는 동방에서 흘러들어와 9년

만에 물러난 역병으로 대략 500만 명이 죽었다. 대다수 인구에게 70년은 쉽사리 넘볼 수 없는 긴 수명이었던 것이다.

그러니 기록이 남아 있는 가장 먼 과거까지 거슬러가면 고령은 종종 귀중한 어떤 것, 흡사 신들의 작품처럼 여겨지는 일이 흔했으며, 노인들은 풍부한 경험과 지혜의 원천이었다는 사실이 놀랍지 않다('노인 하나가 죽는 것은 도서관 하나가 불타 사라지는 것과 같다'라는 아프리카 격언이 있다). 나중에 보겠지만 아리스토텔레스는 이에 수긍하지 않을 것이다. 게다가 고대 그리스·로마 세계에서는 육체와 정신이 빠르게 쇠한다는 이유로 외려 노년을 두려워했음을 보여주는 경우가 자주 등장한다.

오늘날과 대조해보자. 신생아 수는 산아 제한, 여성 교육, 빈곤 축소 덕분에 **세계적으로** 감소 추세인데다 사람들은 잘 늙지 않는다. 따라서 상황은 갈수록 나빠질 것이다. 인구가 증가한다면 이는 오로지 노인들이 '연명 치료 포기' 각서에 서명하길 거부하기 때문일 테니까. 그렇다면 질문 하나가 자연스레 떠오른다. '무엇을 위해서?' 생명 그 자체를 위해? 아마도 그런 것 같다. 우리 노인들의 연명을 위해 의료 서비스 분야가 열성적으로 노력과 비용을 쏟아붓고 있으니(영국 국민보건서비스 예산의 약 **절반**이 65세 이상 인구에 쓰인다) 청년층에 쓸 돈이 그만큼 일찍 동날 것임은 불 보듯 뻔하다. 이쯤 되면 고령을 명예롭게 여기지 않는 게 당연하다. 늙어가는 언론인들이 여든 살은 '새로운 스무 살'이라며 우리 노인들을 추어올리려 애쓰는 것도 당연하고 말이다(그러나 톰 스토파드가 지적했듯 여든 살은 사실상 새로운 아흔 살이다). 물론 철학자 플라톤이 말한 이상을 우리가 동경하지 못할 것은 없다.

다수가 보기에 인간이 이를 수 있는 최고의 상태는 부유하고 건강하고 명예롭게 늙을 때까지 사는 것이며, 부모를 잘 묻어드린 다음 그 자신도 자식들의 손으로 화려한 예법에 따라 잘 묻히는 것이다.

과거에 이것은 사실상 아무도 실현하지 못하는 이상에 불과했다. 오늘날 이 이상을 실현하려면 그 대가로 입에서 홀릭스(맥아 성분의 건강음료─옮긴이) 냄새를 풍기며 고속도로에서 열심히 자전거 페달을 밟거나, 현란한 색의 레깅스 차림으로 인도를 힘차게 뛰어야 하는 것 같다. 말하자면 늙음에 관한 (오래된) 극기훈련 이론이다. 한편 '누구도 죽음을 맞기 전에는 행복하다고 말할 수 없다'는 고대 그리스 격언은 다들 잊어버린 듯하다. 이 격언의 바탕이 되는 신념은, 인생이란 막이 내려가기까지 우리에게 수없이 많은 고난을 안길 수 있으며 막이 늦게 내려가면 우리가 그만큼 더 큰 고난을 마주한다는 것이다. 마침내가 이 글을 쓰는 지금 신문에는 포도주를 매주 한 병 이상 마시면 수명이 단축된다는 보도가 실렸다. 모두에게 희소식이 아닌가!

이 책은 노년과 죽음에 관한 고대 사료를 풍부하게 담고 있다. 주로 로마인들에 집중하지만, 로마인들은 (그들 스스로도 인정하듯) 그리스인들에게 문화적으로 상당한 빚을 졌기에 호메로스, 플라톤, 의사 히포크라테스, 아리스토텔레스도 이 책에 단역으로 등장한다. 부유한 로마 철학자였으며 네로황제의 조언자이기도 했던 세네카는 노년과 죽음을 주제로 많은 저작을 남겼다. 또한 정치가이자 사상가였던 키케로, 원로원 의원으로 서간문을 많이 남긴 소(小) 플리니우스, 그리스 출신 수필가 플루타르코스(특히 로마시대를 다룬 저작물), 그리고 라틴어로 쓰인 비문도 큰 비중을 차지할 것이다.

고대인은 세상을 있는 그대로 보았고, 그들의 시선은 늘 확고하고 흔들림 없었다. 오늘날 우리를 겁에 질리게 만드는 노년과 죽음에 관한 모든 문제들은 사실 이미 2천 년 전 그들이 다루었던 것임을 쉬이 확인할 수 있으리라. 그런데 여기서 우리는 한 가지 의문을 품게 된다. 과연 현대인은 세상을 있는 그대로 볼 능력이 있을까? 메멘토 모리(Memento Mori)란 '당신이 죽는다는 사실을 기억하라'는 뜻이다.

일러두기

　최근 산출된 수치에 따르면 로마 인구의 55퍼센트가 이른바 최저생활 수준으로 살았고 최대 19퍼센트가 그 수준을 살짝 웃돌게, 10~22퍼센트는 그보다도 못하게 살았다. 아마 5~10퍼센트 정도가 비교적 편안히 생활하는 '중류' 계층에 들었을 것이다. 어마어마하게 부유하고 교육 수준이 높은 지배계층은 그 나머지인 약 0.5퍼센트다. 바로 이들의 목소리가 우리 자료에서 가장 두드러지며, 로마시대를 바라보는 우리의 시각에 가장 큰 영향을 미친다. 그리고 이들은 실질적으로 전부 남성이다.

　한 통계 수치에 따르면 현재 영국 가정 중 3분의 1이 빈곤층이다. 고대에는 이 최저생활이라는 게 대다수 사람들이 바랄 수 있는 거의 최상의 조건이었음을 고려하면(현대 세계의 몇몇 지역에서도 여전히 그렇다), 빈곤층에 속한 사람들의 수는 지금보다 고대에 훨씬 적었다고 말하는 로마인이 있을지도 모르겠다 (고작 10~22퍼센트).*

'해방노예'는 노예 신분에서 풀려나 로마 시민이 된 자를 일컫는데, 로마에서 이런 경우는 무척 흔했다. 해방노예는 '보호자' 즉 자신을 해방시켜준 옛 주인과 긴밀한 관계를 유지했다.

---

* 영국에서 빈곤층이란 임금 중앙값의 60퍼센트보다 적은 돈으로 생활하는 사람들로 정의된다는 사실을 지적해야 하겠다. 그 수준으로 생활하는 사람은 늘 얼마간 있을 가능성이 높고, 자동으로 '빈곤층'으로 정의되는 사람들도 거의 항상 있을 것이다. 그러나 산술적으로는 그렇지 않은 경우도 가능하다는 것을 덧붙인다.

제1장

수명

로마인은 얼마나 오래 살았을까?

이 책에서 '고대'란 그리스에서 서양 최초의 문헌이 등장한 기원전 700년경부터 서로마제국이 멸망한 서기 500년경까지의 시기를 일컫는다. 이 시기에도 100살 넘게 산 사람들의 사례가 발견되는데 이는 충분히 가능한 일이다. 판단하기 훨씬 어려운 것은 바로 전체 인구의 평균 수명이다.

아래에 2015년 영국의 통계자료가 있다. 고대 세계에 대해 이런 자료가 있다면 정말 좋을 것이다. 사실 로마인들도 남성 시민을 대상으로 5년마다 인구 및 재산 조사를 하긴 했지만, 현재 우리가 가진 자료는 매우 파편적이다.

그렇지만 무덤의 비문(묘비명) 10만여 개가 지금까지 전해진다. 집정관에서 노예, 전문 어릿광대에 이르기까지 다양한 사람들에 관한 기록인 이 비문들은 어느 모로 보나 굉장히 흥미로운 자료다. 하지만 이 역시 성인 남성에 편중된 정보를 담고 있어서 인구조사 측면에서는 신뢰성이 떨어진다. 차차 밝혀지겠지만 이 문제는 문서 기록에서도 똑같이 나타난다.

영국의 통계자료

오늘날 우리가 사용하는 '센서스'(인구조사―옮긴이)라는 말은 '등록'을 의미하는 라틴어 '켄수스(*census*)'에서 유래했다. 로마에서는 이 정보를 계급, 군사 및 과세와 관련해 남성 시민을 분류하는 데 활용했다.

영국 통계청은 매해 인구를 산출한다. 2015년 영국 인구는 6,510만 명이었다. 자세한 내용은 다음과 같다.

- 85세 초과 인구 150만 명(2.3퍼센트).
- 65세 초과 인구 1,160만 명(17.8퍼센트).
- 50세 초과 인구 2,360만 명(36.2퍼센트).
- 65세 초과 인구가 18세 미만 인구를 앞질렀다.
- 90세 초과 인구 50만 명(70퍼센트가 여성).
- 출생 시 기대수명은 여성 82.8세, 남성 79.1세.
- 2011년 출생자가 100세까지 살 확률은 여성은 3분의 1, 남성의 경우 4분의 1.

• 중위연령은 40세이며 이는 사상 최고치다. '중위연령'은 평균 연령이 아니라, 총인구를 연령순으로 나열할 때 정중앙에 있는 사람의 연령을 의미한다.

이보다 최근 자료인 2016년 수치는 전반적으로 살짝 상승했다. 예를 들어 전체 인구는 6,560만 명이고 85세 초과 인구는 2.4퍼센트였다.

로마의 비문: 예측 불가능

전성기 로마제국의 인구는 대략 6천만 명이었을 것으로 추정된다. 제국은 500여 년간 지속되었으니 제국시대를 산 사람들 수를 전부 헤아리면 이보다 훨씬 많을 것이다. 우리는 로마의 지배를 받았던 전 지역에서 이 시기에 제작된 것으로 보이는 묘비 10만여 점을 찾아냈다. 언뜻 보기에 이는 인구통계학 연구, 다시 말해 고대 인구의 규모와 구조 및 분포를 파악하게 해줄 생생한 증거자료로 여겨질지 모르겠다. 하지만 사실 그런 목적으로는 그다지 쓸모가 없다.

의심스러운 통계

로마령 북아프리카에서 발견된 비문은 총 10,697점이다. 이를 바탕으로 산출한 통계수치는 다음과 같다.

26.5퍼센트(2,835명)가 70년 이상 살았다.

2.96퍼센트(313명)가 100년 이상 살았다.

0.25퍼센트(27명)가 120년 이상 살았다.

이제 앞의 영국 통계수치를 다시 보자. 오늘날 영국인보다 로마령 북아프리카 고대인이 이렇게나 큰 격차로 장수했다는 것은 (당시의 식생활, 질병, 의료지식 등을 고려할 때) 여간해서는 사실로 받아들이기 힘들다.

더 의심스러운 통계

북아프리카의 어느 지역에서 발견된 1,258명의 묘비 자료를 토대로 산출한 통계수치도 있다.

평균 기대수명은 60.2세다.

전체의 39.3퍼센트(494명)가 70살 넘게 살았다.

10살이 되기 전에 사망한 경우는 0.5퍼센트(6명)에 지나지 않는다!

이는 누가 봐도 이치에 맞지 않는다. 비문의 정보는 연령 통계자료로 신뢰할 수 없다. 사실 묘비는 소중한 사람의 죽음을 기념하여 만드는 것이다. 사회 전체 구성원의 연령 범위나 기대수명을 산출하는 데 유의미한 기록이 되기 어려울 수밖에 없다. 비문을 통해 얻을 수 있는 정보라면, 기념비를 세우는 비용을 치른 가족 또는 친구에게 망자가 중요한 사람이었던 이유 정도일 것이다.

그럼에도 **굳이** 비문의 정보를 모아 인구통계 자료를 산출해

본다면 그 결과물은 남성이 여성보다 압도적으로 많을뿐더러 아기가 거의 없는(전체 인구의 0.4~1.3퍼센트다!), 시대와 장소를 불문하고 결코 실존하지 않았던 사회의 모습이다.

문서 기록

대(大) 플리니우스가 로마에 관해 쓴 37권짜리 백과사전 『박물지』는 오늘날까지 온전하게 남아 있다. 플리니우스는 인간의 장수(長壽)에 한 항목을 할애했다. 신화에 바탕을 두었거나 누가 봐도 의심스러운 사례는 제외하더라도, 플리니우스는 100세 넘게 살았던 몇몇 사람들을 언급한다. 어느 남성은 108세까지 살았고, 어느 여성은 115세까지 살았다(그녀는 자식 15명을 낳았다). 여성 배우 갈레리아 코피올라는 서기 8년 아우구스투스가 병상에서 일어난 것을 기념해 104세의 나이로 무대에 올랐다. 이상할 것은 없다. 극소수의 사람들이 그 정도 장수를 누리는 것은 충분히 가능한 일이니까.

의심스러운 문서 기록

플리니우스는 서기 74년의 인구조사 자료를 인용한다. 인구조사 자료라고 하니 뭔가 진지한 정보를 기대할지 모르겠으나, 이탈리아 **어느** 지역의 인구조사 자료를 근거로 플리니우스가 기록한 내용을 보자.

81명이 100살 넘게 살았고,

그중 4명은 135~137살까지,

3명은 140살까지 살았다.

좀처럼 신뢰하기 힘든 수치다. 이런 수치가 나온 이유는 아마도 이 저작에 인용된 사람들이 전부 아우구스투스가 출생신고제도를 도입한 서기 4년과 9년 이전에 태어났기 때문일 것이다. 출생신고제도가 도입되기 전에는 인구조사에서 출생 정보를 어떤 식으로 확인했는지 분명하지 않다.

로마인의 기대수명

비문과 문서 기록은 인구통계 측면에서 도통 길잡이를 주지 못한다. 그렇다면 우리가 할 수 있는 일은 무엇일까? 최대한 추정해보는 것이 답이다. 우리는 19세기와 20세기에 나온 믿을 만한 인명 통계의 도움을 받을 수 있다. 전 세계의 아주 다양한 문화권에서 수집한 이 인명 통계자료는, **이러한** 부류의 사람이 **이러한** 나이에 **이러한** 생활방식으로 산다면 앞으로 얼마나 오래 살지 보험회사들이 예측할 때 사용한다. 학자들은 다음과 같은 절차를 따른다.

일단 고대 인구의 출생률과 사망률은 안정된 사회가 창출될 만한 수치여야 한다. 즉 새로 태어난 아이들이 충분히 많이, 그리고 다시 자식을 낳을 수 있을 정도로 충분히 오래 생존해야 한다는 뜻이다. 그렇지 않다면 그 사회는 소멸되고 만다.

다음으로 전체 인구의 **평균** 기대 여명을 어림잡는다. 여기서 우리의 추정치는 약 25년이다. 왜냐고? 20년보다 짧으면 한 사회가 유지될 수 없고, 30년보다 길면 고대인의 질병이나 위생, 식생활 등에 관한 이해 수준이 실제보다(93쪽 참조) 훨씬 높았다고 보아야 하기 때문이다. 게다가 문서 기록 전반에서 나오는 증거—세금 기록, 법정 문서, 인구조사 자료 등—로 판단하더라도 평균 기대 여명이 대략 25년이라는 결론은 현실성이 충분하다.

자, 추정치를 구했으니 이제 학자들은 다음 질문에 답해야 한다. 평균 기대 여명이 25세인 안정된 사회의 평균 수명은 몇 년일까?

세계 기록

콜-드메니(Coale-Demeny) 인명표는 1966년에 미국인 앤슬리 콜과 폴 드메니가 제작했다. 광범위한 통계 기록에 기초하여—일부는 1900년 이전, 일부는 2차대전 이후—제작된 표 192개에서 뽑아낸 것이다. 이중 176개는 유럽, 아메리카, 오스트레일리아, 뉴질랜드 자료이고 나머지는 아프리카, 아시아, 일본 등에 드문드문 걸쳐 있다.

우리는 이 인명표를 근거 삼아 기대 여명이 25세인 어느 안정된 고대 사회의 평균 수명을 산출할 수 있다(특수한 상황에서 발생한 최곳값과 최젓값은 제외한다). 물론 이렇게 산출된 백분율 수치는 통계자료를 정확히 반영하긴 하지만, 그 값이 지나치게 정밀하여 고대의 다양한 지역 현실을 반영하지는 못한다.

덜 의심스러운 통계

인명표에 기초해 산출한 고대의 예상 수치로 알 수 있는 내용은 다음과 같다.

(i) 신생아의 대략 3분의 1이 출생 한 달 이내 사망했다. 절반 정도는 5세가 되기 전에 사망했다. 주요 사망 원인은 질병, 영양 결핍, 열악한 위생으로 추정된다.

(ii) 전체 인구의 약 50퍼센트가 20세 이하였다.

(iii) 전체 인구의 근 80퍼센트가 50세에 도달하기 전에 사망했다.

십대가 장악한 세상이라니, 악몽 그 자체다! 오늘날과 사뭇 대조적이다. 오늘날에는 65세 이상이 전체 인구의 20퍼센트를 넘으며 18세 미만보다 **많다**.

몇 년을 더 살 수 있을까?

로마에서 10만 명이 동시에 태어났다고 상상해보자.

한 살에는 6만 5천 명이 살아 있을 것이다. 다섯 살에 5만 명, 열 살에 4만 8천 명, 스무 살에 4만 3천500명, 서른 살에 3만 6천500명, 마흔 살에 3만 명, 쉰 살에 2만 1천 명, 예순 살에 1만 3천 명, 일흔 살에 5천500명이 살아 있을 것이다.

어느 박식한 고대인의 추정치

로마의 법률가 울피아누스(서기 170~223년경)는 실제 활용 가능한 인명표를 손수 제작했다. 왜 제작했는지는 분명하지 않다. 다만 유언장에 유산으로 누군가의 생활비를 지급하라는 내용이 있는 경우 그 총액을 추산하려고 만들었으리라는 추측이 있다. 전체적으로 비과학적이긴 하지만 결과물은 얼추 맞아 보인다.

현재 나이	기대 여명
19세까지	30
20~24	28
25~29	25
30~34	22
35~39	20
40~49	19, 이후 10이 될 때까지 매해 1년씩 감산
50~54	9
55~59	7
60 이상	5

부담을 떠안은 여성들

대개 사망률이 높으면 출생률도 높다. 로마 인구가 안정적으로 유지되려면 출생률이 높아야 했다. 인구 보충 출생률(총인구를 유지하기 위해 필요한 출생률─옮긴이)을 맞추려면 배우자와의 사별, 불임, 이혼 등등을 감안해 모든 여성이 자식을 여섯 내지 아홉은 낳아야 했다.

다음은 자식과의 사별에 관련된 세 가지 암울한 사례다.

- 16년간의 결혼생활 끝에 27세 나이로 사망한 베투리아라는 여성은 그동안 낳은 자식 여섯 중 다섯을 잃었다고 비문에 적혀 있다.
- 정치 개혁가 티베리우스 그라쿠스와 가이우스 그라쿠스 형제, 그리고 그들의 누이 셈프로니아(기원전 2세기)에게는 본래 형제자매가 여섯 명 더 있었다.
- 마르쿠스 아우렐리우스 황제와 파우스티나 황후는 자식을 열세 명 가졌다. 그중에 아우렐리우스가 사망한 서기 180년까지 살아 있었던 자식은 다섯 명에 불과했다.

인구통계와 파테르파밀리아스

로마인들이 자기네만의 독특한 관습이라고 여긴 것 하나는 파테르파밀리아스(*paterfamilias*) 즉 가장의 지위였다. 파테르파밀리아스는 초기 라틴어로 한 '가정(*familia*)'의 '아버지(*pater*)'를 뜻한다. 로마인은 가장이 집안의 모든 사람과 물건에 대해 완전한 권리를 소유한다고 간주했다. 가장은 모든 집안 구성원과 재산의 주인으로서 숨을 거두는 마지막 순간까지 가족의 소유물에 완전한 통제권을 행사할 수 있었다. 여기까지만 보면 살짝 모순적인 상황이 머릿속에 그려질 수도 있겠다. 예를 들어 가장이 여든다섯 살까지 살아서(실제로 대[大] 카토가 그랬다) 이미 집정관이 된 아들 및 손자들에게 마음대로 지시를 내린다고 생각해보라! 하지만 통계로 가늠해보면 대략 아들들의 70퍼센트가 25세 전에, 95퍼센트가 40세 전에 아버지를 여의었다. 따라서 '아빠'와의 관계에 문제가 있다 해도 그런 시기가 길게 이어지진 않았다. 그보다는 부친을 여의고 친척 집에 살거나 후견인의 보호 아래 사는 미성년자가 많았다.

살아 있는 가족

라틴어에는 조부모를 일컫는 별칭이 무려 6대까지 있었다. 하지만 문헌에는 **살아 있는** 조부모 이야기가 좀처럼 등장하지 않는다. 그 이유는 (통계들이 보여주듯) 로마인이 열 살이 될 즈음까지 조부모가 생존해 있을 확률은 절반에 지나지 않았기 때문이다. 스무 살이 된 로마인의 친조부가 살아 있을 확률은 100분의 1보다도 작았다. 여자들이 대체로 조금 더 오래 살았다.

따라서 할머니들이 좀더 흔했겠지만, 전반적으로 로마 아이들의 삶에서 조부모가 차지하는 비중 자체가 그리 크지 않았다. 예외적인 경우가 퀸틸리아누스의 어머니였다. 퀸틸리아누스의 아내가 19세에 세상을 떠나자 그의 두 아들을 키우는 일은 할머니 몫이 되었다. 하지만 두 손자 모두 이른 나이에 죽었다(73

쪽 참조).

검투사

어떤 직업은 다른 직업보다 위험했다. 그런 명백한 예로는 결투가 주된 일인 검투사가 있었다. 검투사 사망 기록은 많은 명문(銘文)에 남아 있는데, 예를 들어 이탈리아 남부 베누시아의 어느 검투사 양성소에서 발견된 명문에는 29명 이상의 검투사 사망자 명단이 실려 있었다.

- 10명은 출전 경험이 없는 훈련생이었다(훈련중 사고나 질병 때문에 사망했을 것으로 추정된다).
- 19명이 결투 중 또는 종료 후 사망했다. 3명이 결투를 1회 치르고 사망했다. 4명이 2회, 3명이 3회, 1명이 4회, 2명이 5회, 1명이 6회, 2명이 7회, 3명이 12회 치르고 사망했다.

다른 명문에는 나이 정보가 있다.

- 23세, 8회 결투 후 사망.
- 27세, 11회 결투 후 사망.
- 34세, 21회 결투 후 사망.
- 30세, 34회 결투 후 사망(승리 21회, 무승부 9회, 패배 4회).

폼페이에서 발견된 명문을 보면 전체 검투사 중 4분의 1이 경력 10년 이상이었고 나머지는 그보다 짧았다. 한편 로마가 지배한 소아시아(오늘날 터키 지역) 에페소스의 검투사 묘지에서는 시신 68구가 발굴되었는데, 2구를 제외하고 전부 20세에서 30세 사이의 남성이었다.

검투사 관련 통계자료를 종합하여 산출한 검투사 수명의 중간값은 22.5세다.

검투사 경기의 목적에 관해 얘기하자면, 로마인은 피를 보는 걸 좋아하긴 했지만 훌륭한 결투도 보고 싶어했다. 따라서 인기 있는 검투사가 항복했을 때는 그의 목숨을 살려주어서(117쪽 참조) 멋진 공연을 펼친 배우가 다시 무대에 서듯 그 검투사가 다시 경기장에 나오게 했을 것이다. 일부 검투사들은 승전 횟수가 60회에서 150회에 달했다고 한다.

고대인이 본 인생의 단계

우리는 22쪽에 제시된 통계자료를 보고 새로 태어난 아기가 살아갈 삶을 짐작해볼 수 있다. 로마인들은 무사히 태어난 아기가 겪을 다양한 인생의 단계를 상상해보았다. 가장 일반적인 것은 3단계로 소년기, 성숙기, 노년기로 나뉘었다. 고대 그리스·로마 시대의 '4개의 활' 이론을 최초로 주장한 이는 그리스 철학자 피타고라스(기원전 580~500년경)다. 피타고라스는 각 인생 단계를 20년씩, 다시 말해 0~20세를 유년기, 20~40세를 청소년기, 40~60세를 청년기, 60~80세를 노년기로 잡았다. 그러니까 59세도 여전히 청년인 셈이다! 피타고라스는 오늘날 59세가 새로운 16세라며 분주히 펜을 굴리는 이른바 라이프스타일 신봉자들이 등장할 것을 예견했던 게 틀림없다.

인생의 4단계

외설스럽게 재치 있는 한편 종종 서정적이었던 시인 마르티알리스는 생일을 자축하는 시를 썼다. 날짜는 3월 1일이고 그의 나이는 57세였다(때는 서기 90년대 후반이었다). 생일잔치를 열고 선물을 받는 우리와 달리 이 로마 청년은 **스스로**를 위한 종교의식을 치르며 **자축**했고, 이런 행복한 생일을 앞으로도 여러 번 맞이하게 해달라고 기도했다. 마르티알리스는 일반 제식에서처럼 신들 앞에 빵을 제물로 올리고 향을 피운 뒤 앞으로 75세가 될 때까지 18년을 더 살아 '3개의 활'을 완성하게 해달라고 빌었다. 처량한 노년기에 해당하는 4번째 활은 마르티알리스의 마음을 끌지 못했던 모양이다. 하지만 신들은 마르티알리스의 소망을 들어주지 않았고, 그는 60대에 사망했다.

의학과 숫자 4

어째서 피타고라스는 인생 단계를 논하며 4개의 활을 선택했을까? 한 가지 답은 이것이 의학 이론과 연결된다는 것이다.

고대 의사들은 신체 건강이 네 가지 체액 즉 혈액, 점액, 황담

즙, 흑담즙의 균형으로 조절된다고 믿었다. 이는 네 가지가 한 조를 이루는 다른 자연현상들과 연관되었다. 먼저 흙과 공기와 불과 물(세계를 구성하는 네 가지 기본 요소)이 있고, 그다음으로 뜨거움과 차가움과 습함과 건조함이 있으며, 마지막으로 (추측건대) 피타고라스가 가장 중요하게 여겼던 사계절, 봄과 여름과 가을과 겨울이 있다. 한 의사의 설명에 따르면 유년기는 따뜻하고 습하고(봄), 청소년기는 덥고 건조하며(여름), 성년기는 춥고 건조하고(가을), 노년기는 춥고 습하다(겨울). 네 가지 체액에 관한 고대의 사상은 영향력이 대단하여 천 년 넘게 이어져 내려왔고, 심지어 복음서도 그래서 네 권이 되었다!

솔론의 10단계론

아테네의 중요한 정치 개혁가(이자 시인) 솔론(기원전 640~560년경)은 그리스 최초로 인생 단계 이론을 제시한 사람이었다. 솔론은 인간의 삶이 각각 7년씩 총 10단계로 이루어져 있다고 보았다.

이 10단계는 다음과 같이 요약된다. 솔론은 사회에 힘껏 봉사하는 귀족 남성의 신체 및 정치·사회적 발달을 다루었다는 점에 유의하자. 여성은 이에 해당되지 않는다.

1~7세:　　　몸이 자라고 첫 유치가 빠진다.
8~14세:　　　신체 성숙의 첫번째 징후가 서서히 나타난다.

15~21세:	몸이 계속 자란다. 턱에 수염이 나고 피부색이 변한다.
22~28세:	힘이 정점에 다다른다. '남자다움을 증명해 보이는 시기'다.
29~35세:	결혼하고 아들을 낳아 혈통을 잇는다.
36~42세:	온전한 분별력을 갖추어 무책임한 행동을 하지 않는다.
43~49세 50~56세	지혜와 웅변술이 정점에 다다른다.
57~63세:	아직 활동이 있지만 정신을 조금씩 잃어간다.
64~70세:	밥그릇을 반납할 때다.

7년 주기설이 나온 이유는 그리스인들이 특정 숫자의 '마법'을 믿었기 때문일 것이다. 고대 사상에서 7과 7의 배수(그중에서도 특히 또다른 '마법'의 숫자인 3의 배수와 겹치는 수)는 좋은 식으로든 나쁜 식으로든 중요한 의미를 부여받았다. 일곱 개의 행성, 일주일의 7일(구약의 창세 설화에 근거한다), 아라비아의 7대 성전, 고대 불상, 힌두교 샤크라, 7대죄, 7음계, 일곱 색깔 무지개 등이 그 예다.

7단계론
그리스의 저명한 의사 히포크라테스(기원전 460~기원전 377

년)는 7×7 방식을 옹호했다. 그는 어느 고대 사전의 항목에서 이를 다음과 같이 설명했다.

히포크라테스에 따르면 인생에는 일곱 시기가 있다.

1세에서 7세까지를 '어린아이'라 부른다.
7세에서 14세까지를 '소년'이라 부른다.
14세에서 21세까지를 '청소년'이라 부른다.
21세에서 28세까지를 '청년'이라 부른다.
28세에서 35세까지를 '성인'이라 부른다.
35세에서 42세까지를 '장년'이라 부른다.
42세에서 49세까지를 '노인'이라 부른다.

마흔두 살이 노인이라니! 하지만 적어도 이 가설은 50살을 넘길 가능성이 줄어드는 당시의 엄중한 현실을 인정하고 있다.

위험한 나이

아우구스투스황제는 예순네번째 생일을 맞아 손자 가이우스에게 편지를 썼다. 서두는 이러했다. "안녕, 가이우스, 내 귀여운 꼬마 당나귀." 아우구스투스는 자기 생일을 가이우스도 축하해주길 바랐다.

나이든 사람이라면 누구나 겪는 인생의 가장 위험한 시기—
예순세번째 해—를 내가 무사히 넘겼으니, 부디 나의 예순
네번째 해가 건강하고 행복하길 빌어주려무나.

계산을 해보자. 63은 7×3×3이다. 물론 이 편지를 인용한 이
는 설명을 덧붙였다. '대부분의 노인들에게 가장 위험한 나이는
63세이다. 심각한 질병, 죽음, 치매 따위의 재앙과 화가 이때 닥
친다고 알려져 있다.' 49세(7×7)와 81세(9×9) 역시 경계의 대
상이었다.

제발 분명히 합시다!

로마인 중에도 5단계론을 주장한 경우가 있지만, 여기서부터
는 현실감이 떨어지기 시작한다. 이 이론들을 자세히 들여다보
면 그중 무엇을 믿느냐에 따라 '노년'이 시작되는 나이가 42세
도 되고 46세도 되며 48세, 49세, 56세, 60세, 63세, 69세, 70세,
77세 중 어느 것이든 될 수 있었기 때문이다!

'젊은이'의 범위 역시 들쭉날쭉하다. 현재까지 전해지는 비문
들을 보면 '젊은이'라는 표현은 16세에도, 50세에도 쓰였고 두
경우 모두 망자를 '젊음의 꽃 속에서'라고 묘사했다. 무슨 꽃인
지는 알 길이 없지만.

이는 사실 로마인들이 인생 단계를 구분할 때 신체나 사회를
실제로 면밀히 관찰한 결과물이 아니라 주로 (앞에서 본) 마법

의 숫자나 점성술 등을 토대로 하는 미신적 사고에 의지했기 때
문이었다. 또한 혼란스러운 세상에 자신들만의 질서를 부여하
려고 노력한 철학자들의 탓도 있었다.

제2장

청년 대 노인: 짧은 여담

젊음과 늙음: 로마인의 관점

로마 시인 호라티우스는 극장을 찾은 관객이 특정 연령의 사람들에 관한 묘사에서 **기대할** 법한 특징을 추린 뒤 이를 토대로 사람의 일생을 네 부분으로 나누었다. 이런 특징들은 각 연령대에 대한 고정관념을 강화하였고 또한 극의 갈등 설정에 좋은 소재가 되기도 했다.

어린이는 친구와 놀기를 좋아하고, 금방 화를 냈다가도 또 금세 화를 풀며, 기분이 시시각각 변한다.

청년은 마침내 학교에서 벗어났다. 활동적인 스포츠를 좋아하고, 지시받기 싫어하며, 강한 열망을 지녔고, 실질적인 것에 통 관심이 없다.

장년은 야망에 사로잡혀 있으며, 부와 우정을 쫓는다.

노인은 갈수록 인색해지고, 일을 미루며, 앞날을 걱정하고, 젊은 사람들의 의견에 반대하고, 대체로 젊었을 때 이룬 것을 허황히 돌아본다.

노인에 대한 이 같은 생각은 고대 문학에 거듭 등장한다. 하지만 다른 시각도 있었다.

호메로스의 관점

노년에 따르는 육체적 수모(89쪽 참조)가 어떤 것이든, 서사시인 호메로스는 지혜가 있는 노인들을 존경했다(그들이 이런 지혜 때문에 아주 수다스러워지긴 한다). 호메로스 문학에서 노인의 지혜가 부각된 가장 적절한 사례는 늙은 네스토르다. 네스토르의 지혜는 경험에 기초한 것이었고, 그는 이 경험을 젊은이들에게 설명해주어야 했기에 당연히 말이 많을 수밖에 없었다.

호메로스의 『일리아스』에서 트로이아에 모인 그리스인들이 아킬레우스를 다시 불러올 방안을 의논할 때 젊은 디오메데스는 아킬레우스가 없어도 된다고 말한다. 그러자 네스토르는 디오메데스를 존중한다고 밝힌 뒤 이렇게 말을 잇는다.

> 자네는 젊네. 그건 아무도 부인할 수 없지. 사실 내게는 막내
> 아들뻘이 아닌가. 자네가 하는 말은 영리하고, 지금까지 한
> 말도 모두 적절했네. 하지만 나는 자네보다 나이가 훨씬 많
> 아. 이제는 내가 목소리를 내고 전체 상황을 고민해야 할 때
> 일세.

노년에 대한 긍정적 의견이다. 하지만 아리스토텔레스는 이
에 회의적이었고, 그의 권위는 실로 지대했기에 많은 로마인들
도 회의적인 태도를 취했다.

자식에 대한 기대

호메로스의 작품에서 아이들은 종종 미래의 희망으로 부각
된다. 호메로스가 쓴 『일리아스』에서 트로이아의 영웅 헥토르
는 아들 아스티아낙스가 자기보다 훌륭한 군인으로 자라나길
기도한다. 아킬레우스의 늙은 교사 포이닉스는 자기가 맡은 일
이 아킬레우스를 '웅변가이자 (…) 실천가'로 키우는 것이라면
서도, 한편으로 자식이 없는 신세였기에 이렇게 고백한다.

> 신과 같은 아킬레우스, 난 자네가 훗날 나를 불행한 노년으로
> 부터 구해줄 수 있게 자네를 내 아들로 만들려고 했네.

그리하여 로마인들은 이러한 논조를 선택했다. 자식은 (아버지처럼) 위대한 전쟁 영웅이 되도록 지도받아야 했으며, 그러기 위해서는 군사 기술뿐만 아니라 정책 논쟁에서 이길 수 있는 능력까지 응당 갖추어야 했다. 한편으로 자식들은 부모―그리고 길러준 이들―에게 은혜를 입었으므로 세월이 흐르면 부모를 돌볼 의무가 있었다(97~98쪽 참조).『일리아스』를 보면 요절할 운명의 아킬레우스는 아버지 펠레우스를 지키러 고향으로 돌아갈 수 없다는 말이 끊임없이 되풀이된다.

뜨거움

아리스토텔레스는 신체의 '열'이 생명의 핵심이며 열을 잃으면 죽는다는 관점을 취했다. 따라서 열 보존은 생명 유지에 필수적이었으며 신체에 냉각 체계가 있는 이유였다. 아리스토텔레스는 이것을 불씨에 재를 덮어 지키는 데 비유했다.

따라서 열은 활기찬 청년들의 특징이고, 이들의 신체 냉각 체계는 열이 잘 보존되도록 돕는다. 반면 몸이 찬 노인들은 쉽게 균형이 무너진다. 노인들은 신체 냉각 기능이 전체적으로 쇠퇴한 탓에 삶보다 죽음에 가까워진 상태다. 소포클레스는 한 등장인물의 입을 빌려 "노인들은 균형이 조금만 깨져도 몸뚱이가 잠든다"고 말하기도 했다.

따라서 아리스토텔레스에게는 열기와 냉기가 청년과 노인의 차이를 설명해주었다. 그는 이 생각을 다음과 같이 발전시켰다.

아리스토텔레스가 본 청년

아리스토텔레스는 한 수사학 저작에서 청년과 노인에 관련된 주장을 펼치면서 변호인이 활용할 수 있는 설득적 논거들을 제시했다. 다음은 아리스토텔레스가 첫째로 청년, 그다음 노인, 마지막으로 인생의 전성기에 도달한 사람을 분석한 내용이다. 청년 관련 내용에서 숫자가 매겨진 부분은 노인 관련 내용에서 같은 숫자가 매겨진 부분과 대조를 이룬다.

청년의 열망

청년은 열망이 강하며 이것을 어떻게든 실현시키려 한다.

신체 욕구 중에 청년을 가장 많이 흔들리게 하는 것은 성욕이며, [1]자기 절제를 보이지 않는 것도 성욕이다. 욕구가 잘 바뀌고 변덕이 심한데, 지속되는 동안에는 맹렬하나 금세 사라진다. [2]충동이 강렬하지만 그 깊이가 얕아 마치 병자가 느끼는 갑작스러운 허기나 갈증과 비슷하다.

성미가 급하고 불같으며 화를 잘 다스리지 못한다. 성마른 모습을 자주 보이는데, 명예를 몹시 원하여 남에게 무시당하면 참지 못하며 부당한 대우를 받았다고 느끼면 분개하기 때문이다.

명예를 사랑하지만 명예보다 승리를 더 사랑한다. 청년은 남보다 우월하기를 갈망하며, 승리는 우월함의 한 형태이기 때문이다.

[3]청년은 이 둘을 돈보다 사랑한다. 사실 돈 없이 사는 게 어떤 것인지 아직 깨닫지 못한 탓에 돈을 그리 좋아하진 않는다.

나쁜 면보다 좋은 면을 보려고 하는데 이는 [4]아직 사악한 일을 목격한 적이 많지 않은 까닭이다.

청년은 혈색이 좋다. 자연이 몸속의 피를 덥혀주어 마치 포도주를 거나하게 마신 듯한 얼굴색이다. 게다가 [4]실망한 경험이 아직 많지 않다. [5]남에게 속은 적이 별로 없어 남의 말을 잘 믿는다. 그래서 쉽게 속는다.

[6]청년은 기억이 아닌 기대에 더 많은 시간을 쏟는다. 기대는 미래를 가리키고 기억은 과거를 가리키기 때문이다. 그들에게 다가올 미래는 길고 지나간 과거는 짧다. 태어난 첫날에는 기억이 전혀 없고 앞날을 향한 전망만 있을 뿐이지 않은가.

[7]불같은 성미와 낙관적인 성향 때문에 청년은 노인보다 용감하다. 불같은 성미는 두려움을 잊게 하고 [8]낙관적인 성향은 자신감을 불어넣는다. 사람은 화가 나 있는 동안 두려움을 느끼지 못하고, 좋은 앞날을 예상할 때 자신감에 차오르기 마련이다.

청년의 이상주의

청년은 부끄러움을 안다. 그동안 배운 사회의 규칙을 받아들이며 아직은 명예의 기준이 단 하나뿐이라고 믿기 때문이다.

[9]고귀한 신념을 표방하는데, 살면서 아직 실패하거나 피할 수 없는 한계에 부딪힌 적이 없기 때문이다. 또한 낙관적인 성향 때문에 스스로를 위대한 존재들과 동등하게 여긴다. 그래서 고귀한 신념을 표방하게 되는 것이다.

[9]항상 유용한 행동보다는 고귀한 행동을 하려 한다. 청년의 삶은 논리가 아닌 도덕적 감정의 통제를 받는다. [10]논리는 유용한 것을 선택하도록 이끄는 반면 도덕적 선은 고귀한 것을 선택하도록 이끈다.

노인보다는 청년이 벗이나 가까운 친구나 동료를 더 좋아하는데, 청년은 사람들과 함께하는 것을 좋아하며 친구나 다른 그 무엇의 가치를 그것이 자신에게 얼마나 유용한지로 판단하지 않기 때문이다.

청년의 과도함

청년의 실수는 무엇이든 과도하고 격렬하게 하는 데서 비롯된다. 청년은 [11]뭘 하든 지나치다. 지나치게 사랑하고 지나치게 미워하며, 매사 그런 식이다.

[12]청년은 뭐든 다 안다고 생각하며 항상 확신에 차 있다. 사실 그래서 그들은 [11]뭘 하든 지나치다. [13]청년이 남에게 나쁜 짓을 한다면 상대에게 실제로 해를 끼치려는 게 아니라 모욕을 주려는 것이다.

[14]청년은 모든 사람을 정직하거나 실제보다 좋은 사람으로 생각하기 때문에 남을 쉽게 동정한다. 자기 이웃을 자기 자신의 무해한 본성에 비추어 판단하기 때문에 상대를 함부로 취급해도 된다고 생각하지 못한다.

[15]청년은 재미있는 것을 좋아하기 때문에 재치가 있다. 그들에게 재치란 점잖은 무례함이다.

여기까지가 청년의 특성이다.

아리스토텔레스가 본 노인

인생의 전성기가 지난 사람은 대체로 앞에서 다룬 모든 특질과 반대되는 것을 형성했다고 말할 수 있다.

노인은 여러 해를 살았다. [4]속임수에 넘어간 적이 많고, 숱한 실수를 저질렀으며, 인생은 전반적으로 손해보는 장사였다. [11]그 결과 뭐든 확신이 없고 잘 안 하려고 한다. [12]노인은 뭐든 생각만 하지 결코 알지는 못한다. 또한 주저하는 성향이 있어 말할 때 항상 '아마도'나 '어쩌면'을 붙이고 의견을 확실히 밝히지 않는다.

노인의 소심함

[5]노인은 냉소적이어서 매사를 악의로 해석한다. 그간의 경험 때문에 [8]남을 잘 믿지 못하며 의심이 많다. 결과적으로 [11]누군가를 따뜻하게 사랑하지도, 매몰차게 미워하지도 않는

다. 꼭 언젠가는 미워할 것처럼 사랑하고, 언젠가는 사랑할 것처럼 미워한다.

[9]노인은 살아오며 실패를 경험해봐서 소심하다. 그들의 욕구는 고귀하거나 특별한 것들보다는 생존에 도움이 될 것들을 향해 있다. 노인은 자기 자신을 너무 아끼는데, 이는 소심함이 빚어내는 여러 양상 중 하나이다. 노인은 결정할 때 [9]무엇이 유용한가를 따질 뿐 무엇이 고귀한가는 별로 따지지 않는데, 유용성은 자기 자신에게 좋은 것이고 [10]고귀함은 절대적으로 좋은 것이기 때문이다. 노인들은 부끄러움을 모르고 몰염치하여, 고귀한 것보다 유용한 것을 좋아하고 남들의 시선은 무시한다.

[3]노인은 돈에 인색하다. 돈은 그들에게 꼭 필요한 것 중 하나고, 돈을 얻긴 어려우나 잃긴 쉽다는 사실을 경험에서 배웠기 때문이다.

[7]노인은 겁이 많고 늘 위험이 닥칠까 전전긍긍한다. 훈훈한 혈기의 청년과 달리 노인은 체질이 냉하다. 나이가 들수록 겁이 많아지기 마련인데, 사실 겁은 냉기의 여러 형태 중 하나이기 때문이다. [8]노인은 미래에 대한 자신감이 적다. 그 이유를 찾자면 일부는 지난 경험 때문인데 [4]일이 잘못되거나 어떤 식으로든 예상보다 좋지 않았던 경우가 많았던 탓이다. 또다른 이유는 겁이 많아서다.

노인은 삶을 사랑한다. [6]말년이 되었을 때는 더더욱 그렇다

(사람은 갖지 못한 것을 욕망한다). 우리 인간이 가장 다급하게 필요한 것을 가장 강렬하게 욕망하기 때문이다.

노인의 무료함

[6]노인은 기대가 아닌 기억에 의지해 산다. 길었던 과거에 비해 남은 인생이 얼마 되지 않기 때문이다. 기대는 미래를 가리키고 기억은 과거를 가리킨다. 그래서 노인은 말이 많다. 과거를 기억하는 것이 즐겁기 때문에 끝없이 과거를 이야기한다.

[2]노인의 화는 갑작스럽지만 약하다. 육체적 정념이 완전히 사라졌거나 활력을 잃었기 때문에 정념 자체를 잘 느끼지 않고, 행동할 때 느낌보다 [3]이욕(利慾)의 영향을 받는다. [1]흔히 자기 절제가 이 시기 남자들의 특징인 양 여겨지지만 실은 정념 자체가 줄어든 것이며, 그들은 이욕의 노예다.

[10]노인은 도덕적 감정보다 논리에 따라 산다. 논리는 유용성을 지향하고 도덕적 감정은 도덕적 선을 지향한다. [13]노인이 남에게 나쁜 짓을 한다면 상대에게 모욕을 주려는 게 아니라 실제로 해를 끼치려는 것이다.

[14]노인도 청년처럼 남에게 동정심을 느끼곤 하지만 그 이유는 다르다. 청년의 동정심은 친절함에서 비롯되지만, 노인의 동정심은 나약함에서 비롯된다. 남에게 일어난 일은 무엇이든 자신에게도 일어날 수 있다는 생각이 노인의 동정심을 자극하는 것이다. [15]그리하여 노인은 짜증이 많고, 장난치거나 웃는

일은 드물다. 웃음을 사랑하는 것은 짜증의 정반대니까.

아리스토텔레스의 중도

노인에 관한 아리스토텔레스의 견해는 다소 음울하다. 아리스토텔레스는 삶에서 늘 '중도'가 최선이라고 믿었다. 그러니 인생의 두 극단인 청년기와 노년기가 최고의 삶을 보여주지 못하는 것은 어쩌면 당연하다. 아리스토텔레스가 말하길, 행복한 상태는 인생의 한가운데 또는 전성기에 있는 사람들 차지였다.

인생의 전성기에 있는 자들의 특징은 청년의 특징과 노년의 특징 사이에 있으며, 청년이나 노년의 극단적인 면모는 그들에게서 찾아볼 수 없다.

- 과도한 **자신감**으로 경솔해지거나 지나치게 **소심**하지 않고 둘 다 적당히 갖추었다.
- 아무나 **신뢰**하거나 **불신**하지 않고 사람들을 올바르게 판단한다.
- 삶에서 결정을 내릴 때 **고귀함**과 **유용함** 중 하나만 따지지 않고 둘 다 고려한다.
- **인색**하게 굴거나 **낭비**하지 않고 **적합함**과 **적절함**을 기준으로 삼는다.
- **분노**와 **욕구**의 문제에 있어서도 마찬가지다.
- **용기** 있으면서 **절도**를 지키고, 절도를 지키면서도 용기 있다.

- 이런 장점들이 청년과 노인을 가른다. 청년은 **용감하나 절도가 부족하고**, 노인은 **절도를 지키나 겁이 많다**.
- 전반적으로 말해서, 인생의 전성기에는 청년과 노인을 가르는 모든 가치 있는 품성들이 한데 통합되는 반면 모든 과잉이나 결함은 **절제**와 **적합함**으로 대체된다.

이는 아리스토텔레스가 세상을 이해하는 방식의 전형을 보여준다. 정반대인 자질들을 찾고 그 '가운데'인 중도, 그러니까 두 극단 사이의 균형점을 찾는 것. 많은 이들이 지혜를 갖고 싶어하지만, 경험을 많이 쌓은 노인이 된다고 해서 저절로 지혜가 생기는 건 아니다. 그런 경우도 분명 있겠지만, 결국 지혜는 그 경험을 어떻게 활용하느냐에 달려 있다. 세네카가 말했듯 "사용법만 안다면 노년은 즐거움으로 가득하다……. 인생은 가파른 내리막을 만나기 전까지 서서히 내려갈 때가 가장 즐겁다." 그럴지도 모른다. 하지만 지혜는 노인들이 자기네 것이라고 주장할 수 있는 한 가지 유용한 품성이므로, 우리 노인들은 이것을 꼭 붙잡고 있어야 하리라.

노인을 위한 자리는 없다

생물학을 창시한 인물답게 아리스토텔레스는 항상 질문을 던졌다. '이 동물은 어째서 이렇게 행동할까?' '몸의 이 부분은 어떤 이유로 존재할까?' '이게 어째서 이 위치에 있을까?' '이건

왜 이렇게 생겼을까?' 달리 말해 아리스토텔레스는 **기능**에 대한 감각이 뛰어났다. 그러면 여기서 자연스레 떠오르는 질문이 있다. '노인은 무엇을 위해 존재할까?' '노인은 어떤 기능을 하는 걸까?' 아무래도 아리스토텔레스는 그 답을 찾지 못한 것 같다. 아리스토텔레스가 말할 수 있는 거라곤 사람이 죽는 것은 자연의 이치라는 것뿐이었다. 온기와 습기가 사람을 살아 있게 한다는 아리스토텔레스의 이론에 따르면 사람은 세월이 흐를수록 차고 건조해지게 마련이다. 그런데 어째서 그렇게 되는 걸까?

아리스토텔레스는 주된 요인이 번식이라고 주장했다. 번식 활동이 인간의 생존에 필요한 영양분을 고갈시킨다는 것이다. 식물이 번식을 위해 씨앗을 만들고 죽는 것도 같은 이치다. 하지만 (아리스토텔레스도 동의했듯) 일부 식물은 '몸의 모든 부분에 생명의 원리(프시케, 또는 '혼')를 지니고 있기 때문에' 몸의 일부가 다시 자라기도 한다. 현대 진화론의 설명도 번식 활동과 연관이 있지만 그 이유는 사뭇 다르다. 누군가가 생식 기능이 다했다면 (적어도 이론상으로는) 자기 유전자를 이미 다음 세대로 전달했다는 뜻이다. 따라서 맡은 임무를 모두 수행했으니 그 결과로 몸이 쇠퇴한다는 것이다.

노인을 공경하라

많은 이들은 아리스토텔레스와 의견을 달리했다. 로마 문헌

에는 젊은이들에게 노인을 공경하라고 당부하는 말이 자주 등
장한다.

키케로(기원전 106~43년)

그렇다면 젊은이가 할 일은 연장자들에게 존경심을 보이고,
그중 가장 훌륭하고 평판 높은 이를 가까이하며 그의 조언과
영향력의 혜택을 누리는 것이다. 청년은 경험이 부족하므로
그를 격려하고 이끌어줄 현실적인 지혜를 필요로 한다. (…)
반면 내가 보기에 노인들은 육체노동을 줄여야 할 것 같다.
반드시 정신 활동을 늘려야 한다. 또한 조언과 현실적인 지혜
를 수단 삼아 벗들에게, 청년들에게, 그리고 무엇보다 국가에
최대한 봉사해야 한다.

아울루스 겔리우스(서기 130~180년경)

초기 로마인들 사이에서는 대체로 연륜이 출생 신분이나 재
산보다 훨씬 더 명예로운 것이었다. 연장자는 젊은이로부터
흡사 신이나 친부모처럼 존경을 받았으며, 어디에서든 또 어
떤 종류의 영예에 있어서든 연장자들이 첫번째이자 최우선
의 권리를 지닌다고 여겨졌다. 만찬장에서 연장자가 귀가할
때면 젊은이가 집까지 바래다주었다. 이는 과거 기록에 남아
있듯 로마인들이 스파르타인들에게 배운 풍습이라고 전해지
는데, 스파르타인들은 리쿠르고스법에 따라 어떤 경우에나

연장자를 영예롭게 대우했다.

『히스토리아 아우구스타』(117년에서 284년까지 재위한 로마 황제들의 전기—옮긴이)에서 신임 황제 타키투스(서기 200~276년경)에 관한 기록

우리는 나이가 지긋하고 아버지처럼 우리 모두를 굽어살필 이를 황제로 선택했다. 우리는 그에 대해 어떤 무분별함도, 어떤 성급함도, 어떤 잔인함도 걱정할 필요가 없다. 예견하건대 그의 모든 행동은 진지하고 더없이 존엄한, 사실상 공화정이 요구하는 바로 그러한 행동들이리라. (⋯) 과거에 우리가 경험한 저 괴물 같은 이들, 네로나 엘라가발루스나—사실상 늘 '인콤모두스(라틴어로 '폐를 끼치는'—옮긴이)'였던—콤모두스를 돌아보면 그들의 악덕은 그들 자체가 아니라 그들의 젊음에서 기인했음이 분명하다. 부디 신들께 청하노니 저희가 황제의 칭호를 어린아이에게 부여하는 것을 막아주시고, 나라의 아버지라는 칭호를 미숙한 소년에게 부여하는 것을 막아주소서.

청년의 유흥

다 좋다. 하지만 어디 젊은이들이 연장자나 윗사람 말을 듣는 때가 있었던가? 키케로는 한 편지에서 자기가 젊을 적에 어른들은 젊은 세대를 보고 개탄했는데 이젠 자기(57세)가 그러고 있다고 회상했다. 로마인들은 항상 자기 시대 젊은이들을 못마 땅하게 여겼다. 성인으로서 책임감을 키워야 할 시기에 섹스에 미쳐 있고, 과음하고 도박하고 길에서 싸움질을 벌이며, 교육을 경시하고, 항상 경주장이나 원형경기장(검투사와 야생동물)이나 극장(성적인 장면이 많은 모험담인 익살극과 무언극, 1인극)에서 시간을 보낸다는 것이었다.

전해지는 바에 따르면 부잣집 청년들은 자기 말을 고급 마구로 치장해 말의 통행이 금지된 북적이는 거리를 달리고, 비싸고 화려한 옷(속이 비치는 토가!)을 입고, 곱슬곱슬한 수염과 머리칼을 잘 다듬어 향수를 뿌리고, 제모를 하며 피부를 여자처럼 곱게 관리했다고 한다. 전쟁터에서 나라를 굳건히 지키는 수염 텁수룩하고 정력적인 남자와는 정반대의 모습이다.

섹스를 하려면 노예나 매춘부를 찾았다. 대 카토와 관련된 일화를 소개한다. 한번은 대 카토가 매음굴에서 나오는 청년을 보고 그를 칭찬했다. 매음굴에 다니면 젊은 여자나 유부녀를 멀리 할 수 있다는 이유에서였다. 하지만 청년이 그 뒤로도 계속 매음굴에서 나오는 모습을 본 카토는 그가 아예 거기서 살게 될 줄은 몰랐다고 말했다.

하지만 이 이야기에도 특별히 새로운 것은 없다. 이 모든 것이 '성장'의 즐거움이며, 흔히 사람들이 (셰익스피어를 인용해) 말하듯 '샐러드의 나날들'(salad days, 청년 시절을 샐러드의 푸른 채소에 빗댄 말—옮긴이)이다. 어쩌면 혼란기라는 말이 더 어울릴지도.

세대 차이

일찍이 아버지와 아들이 일정 시점에 이르러 갈등하지 않았던 시대는 없고, 그 이유를 놓고 도덕주의자들이 논쟁하지 않았던 시대도 없으리라. 이러한 논쟁은 항상 엄격한 또는 느슨한 훈육에의 찬성 대(對) 반대가 된다. 로마에서도 똑같았다.

테렌티우스의 희극 〈형제들〉(기원전 160년경 상연)은 형 미키오와 동생 데메아의 사연을 담고 있다. 데메아는 아들이 둘 있었는데 그중 하나를 결혼하지 않은 형 미키오에게 양자로 보낸다. 미키오는 조카를 몹시 사랑하여 조카가 원하는 것은 무엇이든 해주었다. 데메아는 남은 아들을 상당히 엄하게 키웠다. 여기서 자녀 양육에 관한 미키오의 생각을 들어보자.

데메아는 아버지로서 너무 엄해. 그건 조리가 맞지 않고 사리에도 어긋나지. 애정이 아닌 힘으로 세운 권위가 강하고 오래 가리라는 생각은 틀렸어. 내 생각은 이래. 자기가 해야 할 일을 단지 벌이 무서워서 하는 아이는 남한테 들킬 것 같을 때만 뒤를 봐. 그런 염려가 없을 때는 본래의 성향이 도로 나타나지. 하지만 자상함으로 아이의 마음을 샀다면 그 아이는 진실하게 행동하고, 남에게 대우받은 그대로 행동하려 애쓰며, 아버지가 옆에 있든 없든 똑같이 행동해. 그러니 아버지가 할 일은 아들이 뭔가 무섭기 때문이 아니라 자유로운 자기 의지에 따라 올바른 행동을 익히도록 만드는 거야. 이게 아버지와 폭군의 다른 점이야. 그게 안 되는 사람은 자식을 키울 줄 모른다고 인정해야 해.

하지만 최후의 결정적인 발언을 하는 사람은 데메아다.

미키오 형님, 형님이 얌전하고 매력적인 조카를 두었다는 평판은 사실 정직한 생활방식이나 공정함과 선함에서 나온 것이 아니라 나약함과 방종함과 낭비벽에서 온 것임을 알려드리고 싶었습니다. 그리고 얘들아, 나는 옳으나 그르나 무조건 비위를 맞춰주는 아버지가 아니니까, 너희가 그런 내 방식이 싫다면 나도 상관 않겠다. 너희 멋대로 살고 내일이 없는 것처럼 펑펑 쓰려무나. 반면에 너희는 아직 어려서 멀리 내다보지 못하고 고집스러우며 생각이 부족하니까, 약간의 조언이나 충고 또는 도움이 필요하다고 느낄 수도 있을 게다. 그렇다면 내가 여기 있다.

우매한 늙은이

키케로는 로마 희극 무대에서의 노인들을 가리켜 "앞을 못 보고 남한테 잘 속는 가장 어리석은 캐릭터"라고 말한 바 있다. 희극 작가 테렌티우스(앞 페이지 참조)의 작품을 보면 이 말은 전혀 진실이 아니다. 하지만 로마 극작가 플라우투스(기원전 254~184년경)에게는 꽤 맞는 말이었던 것 같다. 플라우투스의 작품에서 노인들은 늘 노예에게 속아 돈을 뜯기고, 재산을 노리며 접근한 젊은 여자나 매춘부에게 홀려 있다. 어느 아버지는 아들의 여자에게 푹 빠져서 이제 막 알파벳을 깨친 일곱 살 아이처럼 외친다. 'A'-'M'-'O'!(라틴어로 '나는 사랑한다'는 뜻)

하지만 플라우투스의 작품 속 아버지들은 자식의 잘못을 잘 이해하기도 한다(자기네가 젊을 때도 비슷했으므로). 여자와 저지른 탈선행위를 엄하게 야단치지만 어디까지나 자식을 위한 마음에서고, 아들들도 종종 그 사실을 인정한다. 또한 욕정이나 다른 문제로 딱한 사정에 처한 노인들끼리 힘을 모아 서로 돕기도 한다. 말하자면 그저 놀림감이 되고 마는 다른 작품에서와 달리 역할의 폭이 넓으며 더 온정적으로 그려진다. 그렇다면 과연 희극과 실제 삶은 얼마나 연관성이 있었을까.

희극 같은 인생

로마 희극은 특성상 웃음을 자아내기 위해 삶을 극단적으로 표현하긴 했지만, 아무리 과장된 희극이라도 평범한 로마인의 일상에서 마주치는 여러 상황을 소재로 삼았다. 희극이 막연하게라도 실제 삶을 반영하지 않았다면 관객에게 재미를 주지 못했을 것이다. 여기에 플라우투스 희극의 한 대목을 소개한다. 나중에 밝혀지겠지만, 이것은 소 플리니우스에게 퍽 익숙한 상황이었다.

희극

노인 필록세누스의 아들이 매춘부와 사랑에 빠졌다. 화가 머리끝까지 난 가정교사 리두스는 필록세누스를 찾아가 아들을 엄하게 꾸짖으라고 채근한다.

필록세누스: 이제 진정해요, 리두스. 현자는 감정을 잘 다스리는 법이지 않소. 젊은 애가 그런 식으로 행동하지 않으면 외려 더 이상하지. 나도 젊을 때 똑같았다오.

리두스: 이렇게 응석을 받아주다 자식을 망친 겁니다! 어르신만 아니었어도 저는 그 아이를 올바르게 사는 젊은이로 키웠을 겁니다. 어르신이 지나치게 너그러우니까 순 방탕아가 되었어요.

필록세누스: 한번 엇나가고 싶은 충동은 잠깐이면 사라져요. 곧 있으면 저도 후회할 거요. 그러니 알아서 하게 둡시다. 너무 지나치지만 않는다면 그냥 내버려둬요.

리두스: 제가 살아 있는 한 그렇게 타락하도록 내버려두지 않을 겁니다! 어르신이 젊을 때 저렇게 자랐습니까? 어르신이 십대일 때는 가정교사 없이 집밖에 코빼기도 못 내밀었습니다. 동트기 전까지 운동장에 나가지 않으면 훈련사가 교육을 제대로 시켰지요 (…) [체육 훈련에 관한 이야기가 이어진

다] (…) 집에 오면 교사 앞에 샅가리개만 입고 앉아서 한 음절만 틀리게 읽어도 시퍼렇게 멍이 들도록 매를 맞았잖습니까.

필록세누스: 이제는 시대가 변했잖소, 리두스.

리두스: 제가 그걸 모르겠습니까! 그 좋았던 옛 시절에는 아직 가정교사의 감시를 벗어나지 않은 사람만 공직 선거에서 당선됐지요. 하지만 요즘은 일곱 살도 안 된 애가 손가락 하나 갖다댔다고 교사 머릴 석판으로 내리칩니다. 그래서 교사가 아버지에게 불평하면 아버지는 아들에게 이러지요. '역시 내 아들이구나. 부당한 학대에 맞서 스스로를 지켰어!' 아버지는 교사를 불러 말할 겁니다. '이봐, 천하에 쓸모없는 우매한 늙은이 같으니, 애가 호기 좀 부린 걸 갖고 손찌검을 해!' (…) 교사가 먼저 몽둥이질을 당할 이 판국에 어느 교사가 권위를 세울 수 있겠습니까?

물론 좋은 희극 소재이긴 하지만 도통 현실 같진 않다. 아니면 정말 현실도 그랬을까?

현실

다음 편지에서 소 플리니우스(서기 61/2~112/13)는 한 친구에게 젊은이를 다루는 방법에 관해 훈계한다.

내 친구 하나가 말이랑 개를 사들이느라 돈을 낭비한다며 제 자식을 마구 후려 팼더군. 아들이 물러가고 내가 그 친구에게 말했네. '이보게, 자네는 살면서 아버지에게 야단맞을 짓을 한 번도 안 했나? 왜, 당연히 해봤겠지. 자네와 자네 아들이 돌연 자리가 바뀌어 그애가 아버지가 되고 자네가 아들이 된다고 생각해보게. 자네 아들에게 똑같이 심하게 혼날 만한 잘못을 자네는 요즘도 이따금 저지르지 않는가? 사람이라면 누구나 실수를 하지 않나? 이런저런 방종에 빠지지 않는 사람이 어디 있는가?'

그 친구가 아들에게 지나치게 심하게 대하는 것에 난 적잖이 충격을 받았어. 우리 사이의 애정에 기대어서 하는 말이니, 부디 자네는 아들에게 너무 혹독하고 매섭게 굴지 말게나. 아들이 아직 어리다는 사실을, 그리고 자네도 어릴 때가 있었다는 사실을 꼭 기억하게. 그리고 부모로서 권위를 세우려 할 때 자네는 한 남자이자 한 남자의 아버지라는 사실을 잊지 말게.

키케로도 조카 퀸투스 때문에 몹시 난처했던 때가 있었다. 조카의 양육에 많이 기여했던 그가 조카에게 받은 인상은 이랬다.

그애는 내 인생에서 가장 쓰라린 실망감을 안겨주었네. 우리가 분명 너무 오냐오냐하다 애를 그르친 거겠지만, 나는 응석을 받아줄 땐 받아주고 엄격할 땐 엄격하게 굴었거든. 그런데도 단호하게 야단을 쳐야만 했지. 한두 가지도 아니고 그 정도가 작지도 않은 아주 심각한 잘못을 수차례나 저질렀으니까. 그애 아비가 그렇게 온화하게 대했으면 아버지에게 애정을 보여야 마땅한데, 아버지를 그렇게도 냉정히 무시한다네.

자유의 위험성

키케로가 라틴어로 옮긴 아래 문단은 플라톤이 쓴 것으로, 시민 권력―그리스어로 데모크라티아(*dêmokratia*)―이 풀려나 기존의 인간관계가 완전히 뒤집혔을 때 벌어질 상황을 묘사한다. 권위가 부재한 세상은 로마인들이 가장 두려워하는 것 중하나였다.

가정에 권위 있는 자가 없으면―이는 심지어 동물에게도 적용된다―아버지가 아들을 무서워하고, 아들이 아버지를 무시하며, 부끄러움을 전혀 모르게 되어 모두가 자기 하고픈 대로 하고 시민과 외국인 사이에 구분이 없다. 교사가 학생을 무서워하여 학생에게 아첨하고, 학생이 스승을 얕보며, 젊은이는 자기네도 나이든 사람만큼 무게와 권위가 있다고 주장하고, 나이든 사람은 행여 미움이나 비난을 살까 두려워 젊은이처럼 경망스레 군다.

놀이여, 안녕

고대 사회에서 유용한 구실을 못하는 사람은 설 자리가 없었다. 어린이는 빨리 자라면 자랄수록 더 빨리 활발히 사회에 기여할 수 있었다. 철학자 세네카는 어린이를 **절대**로 철들지 않는 어른과 비교했다. 어린이가 뼈 구슬과 견과와 돈 몇 푼을 탐낼 때 어른은 금과 은을 탐내며, 어린이가 토가 입은 법무관과 집 정관을 흉내내며 놀 때 어른은 실제 세상에서 그렇게 하며, 어린이가 모래성을 쌓을 때 어른은 웅장하고 중요한 건물을 짓는다. 다시 말해 어린이와 어른은 정서적 욕구가 기본적으로 동일하다. 다른 점이 있다면 어른은 이러한 욕구를 단순한 개인적 놀이에서 더 넓은 차원의 공동체적 의무로 전환시킨다는 것이다—또는 전환시켜야 마땅하다. 또다른 글에서 세네카는 이렇게 썼다.

우리는 갓난아기를 보면 그 아기가 나중에 토가를 입고 군복무를 하고 부친의 재산을 물려받을 모습을 머릿속에 그린다.

이러한 삶의 행로는 바로 키케로가 주목한(179~180쪽) 노년을 잘 보내기 위한 토대였다. 이 경로에 일찍 들어설수록 더욱 좋았다. 반대로 젊은 날을 허투루 보내면 그만큼 행복한 노년을 누릴 가능성은 줄었다(170쪽).

경력을 일찍 시작해서 얻는 보상

앞서 본 인명표를 생각해보자. 20세 인구와 20세 초과 인구의 수가 거의 같았다(22~23쪽). 이 시대에는 최대한 빨리 사회에 진출할 필요가 있었다. 가령 집정관 선거 출마 연령에 이르지 **못할** 가능성이 크다는 점, 그리고 그 이후에도 오래 살지 못할 가능성은 심지어 더욱 커진다는 점을 고려하면, 지배계급 가문에서 어째서 그토록 필사적으로 청년층을 일찍 경쟁에 밀어넣으려 했는지 이해할 수 있다. 그리고 그렇게 얻은 보상은 사실 꽤 오래 지속되었다. 공화정 시기에 집정관을 배출한 가문들은 '노빌리스('유명한'이라는 뜻)'라는 별칭을 얻었다. 상당히 오랜 기간 동안 주로 이 가문 출신들이 공직을 차지했다. 무려 70~90퍼센트의 집정관들이 노빌리스 가문 출신이었고, 새 집정관이 나올 때마다 가문의 영광은 더욱 드높아졌다.

어떻게 해야 피할 수 있을까

베스파시아누스는 서기 69년에 결국 황제가 되었지만, 본래 유쾌하고 느긋하며 별 야심이 없는 청년이었다. 외부로부터의 자극이 필요했던 그는 어머니에게서 그것을 얻었다. 어머니가 보기에 형은 공직에 입문해 치열하게 노력하는 반면, 베스파시아누스는 원로원 진출의 최소 자격 조건인 재무관 직을 얻으려는 노력조차 딱히 하지 않았다. 결국 그의 어머니 베스파시아 폴라는 그를 들볶아 뭐라도 하게 만들었다. 하지만 '간청하거나 부모의 권위를 앞세워서가 아니라, 네 녀석은 정무관인 네 형이 군중 사이를 지나갈 때 앞에서 길이나 터주는 사람이라며 쉬지 않고 조롱해서'였다. 과연 베스파시아누스의 어머니는 그저 시든 꽃이 아니었다. 사실 라틴어 베스파(*vespa*)는 '말벌'을 뜻한다. 그런 어머니의 이름을 물려받은 아들이라면 누구나 성공할 수밖에 없을 것이다.

청년들을 앞으로

로마 지배계층에 관한 놀라운 사실은 본인이 선택하면 굉장히 이른 나이에 경력을 시작할 수 있었다는 것이다. 예를 들어 비긴티비리(*vigintiviri*, 20인회) 소속 원로원 의원의 자제는 17세나 18세에 1년짜리 관직을 맡을 수 있었는데, 4개 위원회(처음에는 6개였다)가 모여 법무, 조폐, 도로 관리 따위의 안건을 다루었다. 키케로가 법정에서 열일곱 살 검사에 맞서 의뢰인을 변호한 기록도 있다! 일부 비문에는 20대 초반에 사망한 남성이 이미 변호인 및 법학자(법률 자문위원)로 일한 경험이 있다고 적혀 있다. 의사 직도 마찬가지다. 14세에 수련을 시작해 5년 후 아직 십대의 나이로 의사가 된 일부 사례가 있다. 정계에서는 17세에서 25세의 젊은 나이에 아주 대단하지는 않아도 어느 정도 권위 있는 자리를 맡은 사례들이 보이는데, 일례로 소 플리니우스는 18세에 어느 소도시의 보호자가 되었다. 재무관이 되는 것은 중대한 첫걸음이었고, 어떤 시기에는 24세에 재무관

직을 맡을 수 있었다. 네로는 황제에 취임했을 때 17세였고 콤모두스는 19세, 엘라가발루스는 14세였다. 누구나 인정하듯이 세 명 다 대재앙을 불러왔다.

이상적인 학생

플루타르코스는 좋은 삶과 좋은 죽음의 토대로 교육을 최우선 순위에 두었다. 그는 위대한 신화와 이야기의 중요성을 역설했다. 신화와 이야기는 어린이에게 좋은 행동과 나쁜 행동을 구별하기 위한 옳고 그름의 개념을 알려주는 수단이었다. 그는 배움으로 얻은 지식은 우리를 절대 실망시키지 않는 영원한 자산이라고 믿었다.

플루타르코스는 '대학'에서 배우는 학생들에게, 지식을 과시하지 말고 주변으로부터 똑똑하다는 평판을 얻기 위해 상대의 말을 가로막거나 부당한 비방이나 비난을 가하지 말라고 당부했다. 상대방의 의견에 동의하지 않아도 일단 잠자코 있어야 했다. 도중에 말을 끊지 말고 상대가 말을 마칠 때까지 기다리며, 그러고 나서 질문이나 논평을 내놓으라는 것이었다.

또한 대중의 찬사에 흔들려선 안 되었다. 비판적 사고력을 항상 활짝 열어두어야 했다. 특히 어투만 화려하고 내실이 없는 강연자들을 경계하라고 강조했다(플루타르코스는 여기서 "장황한 설명이 방해가 되어" 논제를 이해하지 못했다고 고백한 누군가의 사례를 이야기한다).

같은 이치로 강연은 그 자리에 있는 모두가 참여하는 일이었다. 그러니 허리를 곧게 펴고 팔다리를 가지런히 모으고 세심히 주의를 기울이라고 플루타르코스는 주문했다. 인상을 쓰거나 온몸을 비틀거나 졸거나 친구와 잡담해선 안 된다. 처음에는 강연의 주제가 어렵더라도 끈질기게 집중하라. 무엇보다도, 이해가 되지 않을 때는 질문을 하라. 모르는 것을 이해한 척해봤자 아무짝에도 쓸모없는 짓이었다.

노년의 배움

세네카의 주장에 따르면 노년에는 스푸린나처럼(112~113쪽) 독서와 철학과 대화에 시간을 바쳐야 했으며, 이따금 시와 논문을 쓸 수도 있고, 가벼운 운동도 병행하는 것이 바람직했다. 세네카는 항상 배움에 호의적이었지만, 노년에 **가르침을 받는 것**에 대해서만큼은 유독 회의적인 태도를 취했다.

A, B, C(라틴어 원문의 *elementarius*는 '알파벳 문자'를 뜻하는 *elementum*의 파생어다)를 놓고 가르침을 받는 노인이란 실로 치욕적이고 우스꽝스러운 존재다.

'가르침을 받는 것'은 젊은이가 할 일이었다. 세네카는 이것을 지식의 물을 '뿌리는' 행위와 같은 것으로 보았던 듯하다. 노인은 이러한 단계를 벌써 넘어서 물을 길어낼 깊은 샘을 내면에

간직하고 있어야 했다. 키케로 역시 옵시마테이스(*opsimatheis*, '만학도'를 뜻하는 그리스어)를 낮춰보았던 것 같다. 이 금욕주의 정치가는 미식가 친구 파이투스에게 보낸 편지에서, 자신이 정치 일선에서 완전히 물러나면서 살짝 에피쿠로스주의자가 되었으니 다음 만찬에 초대받았을 때는 완벽한 식사를 기대하겠노라고 썼다.

준비 단단히 하게! 이제 한두 가지 배우기 시작한 미식가를 상대해야 할 테니 말이야. '옵시마테이스'가 얼마나 현학적으로 구는지 자네도 잘 알겠지.

엄격한 옛 로마인인 대 카토(138쪽)는 키케로와 의견이 달랐으리라. 대 카토는 그리스인들을 미심쩍게 여기면서도("뼛속까지 비열하고 무질서한 종족") 말년에 그리스어를 배웠다고 전해진다. 그는 아들에게 "그리스 문학을 살펴보는 것은 이롭지만, 그것을 철두철미하게 연구하는 것은 이롭지 않다"고 말하기도 했다.

체제의 전복?

현대 세계는 '청년 운동'에 익숙하다. 청년 운동의 목적은 반란을 일으키고 기존의 방식을 타파해 청년들의 비전대로 사회를 개조하는 것이다. 고대 세계에서 이런 청년 운동을 찾아볼 수 있을까?

당시에도 청년들이 대의를 위해 동원될 수 있었음은 확실하다. 키케로의 젊은 벗 카일리우스도 그런 경우였다. 카일리우스는 반란을 꾀한 카틸리나를 지지했다. 카틸리나의 반란은 결국 기원전 63년 당시 집정관이었던 키케로가 진압했다. 역사가 살루스티우스는 청년들이 카틸리나에게 느낀 매력을 분석한 바 있다. 살루스티우스가 보기에 청년들이 카틸리나에게 끌린 이유는 카틸리나의 뿌리깊은 정치적 신념보다 청년들의 호르몬과 더 관련 있었다.

하지만 그가 우정을 쌓으려고 가장 공들인 대상은 청년들이었다. 청년들은 아직 어려서 남의 말에 잘 넘어오고 쉽게 동요하여 유혹하기 쉬웠다. 따라서 그는 청년들 내면에서 특정한 욕구가 포착되면 거기에 맞추어 몇 명에게는 매춘부를 구해주고 몇 명에게는 말과 개를 사주는 등, 그들을 충성스럽고 믿음직한 지지자로 만들 수만 있다면 돈이든 명예든 그 무엇도 아끼지 않았다.

우리가 이해하는 '청년 운동'과는 영 거리가 멀다. 가령 1960년대 이래 유행해온 방식으로 부모가 표방하는 모든 것에 반기를 드는 청년들의 모습과는 크게 다르다. 카틸리나에게 동조했던 청년들은 모험거리를 찾고 뇌물의 유혹에 흔들리는 젊은 불량배들에 더 가깝다. 당시 지배층 청년들이 국가 체제를 어떤 시선으로 바라보았든, 핵심은 이 체제가 그들이 최대한 빨리 성공에 이를 수 있도록 설계되어 있었다는 사실이다. 그들의 가문이 과거에 걸어온 길을 돌아본다면, 그들 대부분은 이 체제가 상당히 잘 작동해왔음에(191~194쪽) 동의할 수밖에 없었으리라. 기존 방식에 맞서 '혁명'을 일으키는 것은 그들에게 전혀 득될 게 없었다.

제3장

자식의 죽음

유기

1931년 아테네에서 발굴되었고 대략 기원전 150년의 것으로 추정되는 고대 우물을 최근 분석한 결과 그 안에 영아 시신 450여 구가 버려져 있었다는 사실이 밝혀졌다. 세 구를 제외한 나머지는 전부 생후 1주 미만의 시신이었다. 돌림병으로 죽은 게 아니었다. 이를테면 시신 중 3분의 1의 사망 원인은 소독하지 않은 기구로 탯줄을 잘랐을 때 발생하는 감염성 뇌질환인 세균성 수막염이었다. 다른 시신들은 설사와 같이 영아에게 흔하지만 때때로 치명적인 증상 때문에 사망한 것으로 추정되었다. 위생이 우선순위가 아닌 곳에서 흔하게 발생하는 죽음이다. 음식물이나 식수의 오염, 낮은 위생 수준, 전염성 질환은 과거에 일반적인 사망 원인이었다. 심지어는 작게 베인 상처에서 발생한 염증이 치명적인 패혈증으로 발전하는 경우도 있었다. 자세한 내용은 92~93쪽에 있다.

현대 서구사회에서는 모든 개개인의 죽음을, 특히나 망자가 아기일 때 커다란 비극으로 받아들이므로 이렇듯 냉혹한 집단 행동이 도무지 이해되지 않을지 모른다. 그러나 영아 살해는 아주 오래전부터 많은 문화권에서 시행되어왔으며, 문화적 관습은 대부분 대대로 이어져 내려오기 마련이다.

좋은 애도

당시의 부모는 아기의 죽음을 슬퍼하지 않았으리라고 흔히 짐작하지만, 이는 틀린 생각이다. 그런 짐작의 '근거'는 첫째로 남아 있는 사료에 그러한 슬픔이 언급되지 않는다는 점이다. 어째서일까? 일단은 너무 많은 아기들이 일찍 죽은 탓에 가족들이 익숙해진 게 분명하다. 둘째로, 당시에는 키케로가 아래와 같이 표현한 정서가 일반적이었다.

어린 자식이 죽으면 그 상실감을 묵묵히 견뎌야 한다. 하물며 갓난아기라면 한탄조차 삼켜야 한다.

도덕주의자 푸블리우스는 이렇게 단언했다.

어린아이의 죽음은 운좋은 일이요, 젊은이의 죽음은 비통한 일이요, 늙은이의 죽음은 때늦은 일이라.

하지만 이 모든 이야기는 생물학적 원리에 위배된다. 인류가 생존할 수 있는 것은 오로지 자식을 낳으려는 욕구, 나아가 자식을 향한 애정이 우리 안에 있기 때문이다. 그런 무조건적인 사랑이 없다면 이 선천적 욕구는 아무 결실도 이룰 수 없을 것이다.

키케로를 비롯한 여러 로마인들이 이 주제에 관해 남긴 발언은 지배계층의─특히 남자의─ **공적** 활동에 관련되어 있었다. 지배층의 '의무'는 로마인이 낙심에 대처하는 자세의 올바르고 굳건한 모범을 세우는 것이었다. 닫힌 문 뒤에서 어떤 일이 벌어지는지는 사뭇 다른 문제였고, 우리는 이따금씩 열린 문틈으로, 특히 묘비문을 통해 당대의 현실을 엿볼 수 있다.

이렇듯 철학적인 말이 오가는 가운데 시인 호라티우스는 여름이 시작되면 발생하곤 하던 위험에 관해 가볍게 쓴 시구로 뭇 사람의 마음을 울렸다.

첫 무화과 열매가 맺히고 뜨거운 열기가
검은 옷의 장의사와 그의 수행단을 살찌우면,
모든 아버지와 애정 가득한 어머니는 행여 자식을 잃을세라
얼굴이 창백히 질린다.

어린아이의 묘비

지배계층은 안 그랬을지 몰라도, 다른 로마인들은 세상을 떠난 어린 자식들을 기억했다. 라틴어 약어 *DM*은 '사자(死者)의 영혼들께'(201쪽 참조)를 뜻한다. 다음은 가장 어린 망자의 묘비에 쓰인 글귀다.

DM: 루키우스 카시우스 타키투스가 아흐레를 살고 간 아들 베르나클루스를 위해 〔이 묘비를 세웠다〕.

여기 다른 비문도 소개한다.

DM: 별안간 신이 데려가버린 아기 루키우스 발레리우스에게. 그는 밤의 여섯번째 시간에 태어났고, 운명의 계시는 아직 분명하지 않았다. 그는 일흔하루를 살았고 밤의 여섯번째 시간에 사망했다. 오, 읽는 이여, 그대의 가족이 행복하기를 바라오. 묘의 크기는 폭 2.3피트, 길이 2.3피트다(2.3피트는 약 70센티미터에 해당한다—옮긴이).

묘의 치수를 언급한 것을 눈여겨보자. 이는 통행인들이 묘지를 침범하는 일을 방지하기 위해서였다.

한 해방노예와 그의 아내는 아들을 이렇게 추모했다.

DM: 여섯 달 사흘을 살고 간 에우코피오[가족 별칭], 말도 배우지 못하고 떠난, 가장 어여쁘고 가장 큰 기쁨과 즐거움을 준 아기. 노예로 태어난 테르미날리스, 그리고 소시파트라는 부모로서 제일 사랑스러운 아들 루키우스 쿠리우스를 위해 이 묘비를 만들었다.

다음은 말을 할 정도로는 자랐던 딸의 비문이다. 나이 측면에서 앞서 소개된 두 사례보다는 일반적인 추모 대상으로 보일 것이다.

가이우스의 딸, 베티아 크리세스에게. 나그네여, 그대에게 부탁하노니, 여기 땅 밑에 묻힌 불쌍한 아이의 유골을 밟지 말아주오. 이 아이가 어찌하여 어린 시절을 빼앗겼는지 사람들이 기억해줌으로써 이 아이는 애도되리라. 딸아이가 세상에 태어난 이유는 지금 안타깝게도 여기 누워 있는 이유와 조금도 다를 바 없다. 아이의 뼈는 재가 되었고, 딸은 이제 더이상 부모에게 말하지 못한다.

님페(진짜 이름인지는 불확실하다[님페는 그리스 신화 속의 요정이다—옮긴이])의 아버지는 딸이 살아 있었을 때의 아름다움과 죽은 후의 상태를 대비시켰다.

우리의 슬픔에 새로운 슬픔을 보태고 싶은 사람이 있으면 누구라도 이리 와서 아낌없이 눈물을 흘리시오. 여기 어느 불행한 아버지가 하나뿐인 딸 님페를 묻었다. 그는 운명의 여신이 허락한 짧은 시간 동안 달콤한 사랑의 기쁨 속에 소중히 딸을 키웠다. 이제 딸은 집밖으로 옮겨져 자기만의 집에 묻혔다. 딸의 빛나던 얼굴, 찬사받던 육신은 이제 모두 공허한 그림자가 되었고 뼈는 한줌의 재로 남았다.

어린 노동자

또한 묘비에는 요절한 자유인 또는 노예 출신 노동자의 직업에 관한 정보가 풍부하게 담겨 있다. 이 아이들이 언급되었다는 사실 자체만으로도 부모나 주인이 이들을 귀하게 여기고 자랑스러워했음을 짐작할 수 있다. 노예로 태어나 수학 전문 교사로 일한 멜리오르는 열세 살에 죽었다. 은 세공사 발레리우스 디오파네스는 열한 살에 죽었다. 어린 예능인 판디온은 다섯 살에 죽었다. 로마 태생의 체조 예능인 삼형제 중 두 형은 다섯 살에, 막내는 17개월에 죽었다. 주인의 머리와 옷 치장을 도왔던 하녀 스페라타, 안티스, 피에리스는 각각 열세 살, 열두 살, 아홉 살에 죽었다.

위로

사랑하는 이의 죽음은 강렬한 감정적 반응을 야기한다. 하지만 로마 철학자들은 감정이 정신의 안정에 해롭다고 여겼다. 따라서 키케로는 슬픔에 대처하는 방법을 논하면서 우리가 슬플 때 취할 수 있는 여러 접근방식을 찾았다. 슬픔의 근본을 제거하기, 지나친 슬픔은 최대한 가라앉히기, 슬픔 때문에 생활이 무너지지 않게 하기, 슬픔이 삶의 다른 영역에까지 영향을 주지 않게 하기. 그리하여 키케로가 (다양한 고대 철학자의 말을 인용하며) 제안한 전략들은 다음과 같다. 죽음을 전혀 나쁘지 않은 것으로 생각해야 한다. 또는 크게 나쁘진 않은 것으로, 또는 사실상 좋은 것으로, 또는 전적으로 자연스럽고 당연한 것으로 여겨야 한다. 그리고 애도는 정당하지도 않으며 의무적이지도 않다고 생각해야 한다.

남자답지 않은 행동

철학자 세네카는 한 편지글에서 어린 아들을 잃은 친구 마룰루스의 사례를 들며 지나친 슬픔에 빠진 친구를 어떻게 대해야 할지 지침을 제시했다.

마룰루스가 슬픔에 빠져 여자처럼 군다는 소식을 듣고 그에게 편지를 쓰면서 평소와는 다른 형식으로 조의를 표했네. 마룰루스에게 다정하게 대해야 한다고 생각하지 않아. 내 생각에 그는 위로가 아니라 비난을 받아 마땅하네. 누군가가 비탄에 잠겨 아픈 상처를 견디기 몹시 힘들어할 때는 일단 잘 달래주어야 하지. 슬픔을 해소하고, 어쨌든 최초의 충격에선 벗어날 수 있게 말일세. 그러나 슬픔에 탐닉해도 된다고 생각하는 사람들에게는 즉각 따끔한 질책이 필요해. 눈물에조차 어느 정도는 어리석음이 있음을 배워야 하네.

핵심은 이것이었다. 어린 자식("한 조각의 시간")을 잃었다고 한없이 슬픔에 탐닉해서는 안 된다는 것. 죽음의 비보를 처음 접했을 때나 장례식에서 인간이 느끼는 감정의 강렬함을 세네카가 인정하지 않는 것은 아니었다. 그런 때면 (생각이 올바른 남자라도) "우리 의지로는 막을 수 없는 작용"에 따라 "자연스레 눈물이 떨어지"기 마련이었다. 세네카가 탐탁하지 않게 여긴 것은 슬픔에 대한 남자답지 않은 굴복이었다.

해방으로서의 죽음

또한 세네카는 마르키아(아우구스투스의 아내 리비아 황후의 친구였다)의 아들 메틸리우스가 죽었을 때 그녀를 위로하는 긴 편지를 썼다. 편지의 요지는 이랬다. 삶에는 강렬한 쾌락과 강렬한 고통이 수반된다. 우리는 그 두 가지 모두 경험해야 한다. 그리고 죽음은 좋은 것, 다시 말해 고통으로부터의 해방이다. 아들의 삶이 지나치게 짧았음은 중요하지 않다. 삶의 길고

짧음에 있어 '마땅한' 기준이 있는가? 그리고 삶이 그녀의 아들에게 얼마나 끔찍한 고통을 가져다주었을지 알 수 있는가? 이밖에도 이러한 취지의 문장이 많이 이어진다. 세네카는 편지 말미에 훗날 세상을 파괴할 대재앙을 빼어나게 묘사한다. 그렇게 해서 세상은 스스로를 새롭게 하리라는 것이었다. 세상도 언젠가 끝난다는 사실을 아는 것만큼 큰 위로가 있겠는가?

아들을 잃은 슬픔

아동 중심 교육을 적극적으로 옹호했던 퀸틸리아누스는 열아홉 살이던 아내와 장남과 사별한 터에 차남까지 잃었다. 이 일에 관련해 그가 쓴 편지가 지금까지 전해진다.

> 이렇게 큰 불행을 겪은 후 내 모든 희망, 내 모든 기쁨은 〔둘째아들〕 어린 퀸틸리아누스에게 쏠렸고, 그애는 내게 위안이 되기 충분했네. 제 형과 달리 그애의 재능은 봉오리 안에만 머물러 있지 않았거든. 이미 아홉 살 생일에 실하고 단단한 열매를 맺었네……. 나는 그애에게서 그런 재능을 분명히 보았어. 내 폭넓은 경험으로도 학습에서 그만큼 탁월한 아이를 이제껏 보지 못했네만, 그애의 재능은 거기서 그치지 않았네. 즉각적으로 응용하는 능력 또한 뛰어났는데, 그애의 교사들이 증인일세. 또 어찌나 올곧고 효성스럽고 인정 많으며 성정이 너그러웠는지……. 다른 장점도 많았지. 듣기 좋은 낭랑

한 목소리, 다정한 말투, 그리스어와 라틴어 둘 다 자기 모어인 양 한 단어 한 단어 정확히 발음했어…….

내 허망한 희망의 아이야, 네 두 눈이 죽음으로 서서히 꺼져가는 것을, 네가 마지막 숨을 내쉬는 것을 내가 보았더냐? 차갑게 식은 창백한 네 몸을 끌어안으며 내가 너의 날아가는 영혼을 받아들이고 같은 공기를 계속 들이마시었더냐?* 이제 내 것이 된 고통과 나를 괴롭히는 생각들을 나는 마땅히 견뎌내야 하는구나…….

집정관 지위를 지닌 다른 사람이 너를 입양하여 국가의 모든 공직에 진출할 희망을 열어주었는데** 내가 너를 잃었느냐? 법무관인 네 외숙부 사위로 혼처가 정해지고, 네 조부의 웅변술에 필적할 가능성을 보여주었던 너를 내가 잃었단 말이냐? 그리고 네 아비인 나는 오로지 울기 위해 이렇게 살아남은 것이냐?

심지어 이렇게 어린 아들에 대해서도 지배계층 내의 연줄과 정혼으로 최상류층 진출이 확실했음을 강조하는 퀸틸리아누스

---

* 사물의 자연스러운 질서를 따르자면 이와 반대로 아들이 아버지의 마지막 숨을 받아들여야 할 것이다.
** 로마에서는 아기를 입양하지 않았다. 집안에 아들이 없거나 아들이 있어도 능력이 그리 뛰어나지 않아 입양이 가문에 도움이 된다고 판단될 경우 성인 남자를 입양했다.

의 모습은 당시 중년 남성의 관심사와 특성을 남김없이 보여준다. 독자는 퀸틸리아누스의 이러한 태도에 반감을 느낄지 모르겠다. 하지만 중요한 점을 놓치지 말자. 이 시대에 자식을 낳는 목적은 아버지의 발자취를 따르게 하는 것이었다(36~37쪽 참조). 그 목적을 달성할 잠재력이 더 큰 아이였을수록 아버지는 더 큰 상실감을 느꼈고, 자신의 감정과 감정적 고통의 깊이를 표현하는 것도 더 이해받을 수 있었다. 그 가문의 미래는 이제 과거가 되어버린 셈이었으니까.

어린 딸의 죽음

소 플리니우스는 푼다누스의 딸이 죽은 것을 친구에게 전한 편지에서 퀸틸리아누스와 똑같은 태도를 취했다.

그렇게 총명하고 사랑스러운 소녀를 본 적이 없어. 그 누구보다 오래 살아야 할, 아니 영원히 살아 마땅한 아이였지. 열네 살도 다 채우지 못했지만, 그애는 노인의 신중함과 기품 있는 부인네의 진지함과 어린이의 사랑스러움과 젊은 숙녀의 정숙함을 두루 갖추고 있었네. 제 아버지의 목을 끌어안던 그 모습! 아버지 친구들인 우리를 어찌나 다정하고 정숙하게 포옹해주었는지! 보모와 선생과 가정교사를 어찌나 애정 어린 태도와 각각 역할에 어울리는 방식으로 대하던지! 글을 읽을 때는 어찌나 응용력이 뛰어나고 속도가 빨랐는지, 게다가 놀

때도 절대 정도가 지나치지 않았으며 적당한 선을 넘지 않았지! 병마와 싸우던 마지막 순간에 보인 담담함과 인내와 용기라니! (…) 죽음의 순간이 심지어 죽음 그 자체보다 더 잔인한 것 같았네. 그 아이는 훌륭한 인품의 청년과 막 약혼한 터였거든. 결혼식 날짜가 정해졌고, 우리도 이미 초대받았었지…….

슬픔에 대처하는 방법

플리니우스는 이어서 시간이 서서히 슬픔을 치유해주며 그때야 비로소 위로가 평안을 줄 거라고 썼다.

이럴 때면 푼다누스가 지금까지 남에게 들었거나 그 자신이 직접 말해온 철학은 모두 옆으로 밀려난다네. 당분간 한 가지를 제외한 다른 모든 미덕은 무시될 걸세. 그저 자식을 향한 사랑만 생각날 뿐이지. (…) 아직 아물지 않은 상처가 처음에는 의사의 손길에 움츠러들지만 나중에는 움찔거림 없이 그것을 참아내고 종내엔 반기게 되듯, 정신적 고통을 겪을 때도 아직 아픔이 생생할 때는 타인의 위로를 거부하고 그로부터 달아나려 하지. 그러나 시간이 지나면 위로를 구하고 그 진정 효과에 안도감을 느낀다네.

의사여, 스스로를 치유하라

기원전 45년 2월 중순 키케로가 사랑하던 딸 툴리아가 출산

도중 사망했고, 그로부터 몇 달 후 툴리아의 아들도 죽었다. 슬픔에 빠져 어찌할 바를 몰랐던 키케로는 집을 떠나 로마에서 남쪽으로 45킬로미터 정도 떨어진 자기 빌라에 은거했다.

한 친구는 위문편지에서 "끔찍한 시대"라는 주장을 전개하며, 설사 툴리아에게 아들들이 있었다 하더라도 작금의 정치 상황에서는 명예롭게 고위직에 오를 수 없었을 거라고 덧붙였다. 나아가 키케로더러 "정작 스스로는 어쩌지 못하면서 환자들에게 의학 지식을 과시하는 못난 의사"가 되지 말라고 강조했다.

이즈음 키케로는 첫번째 결혼과 마찬가지로 두번째 결혼마저 파탄 날 위기에 처해 있었다. 키케로는 친구에게 이렇게 답했다. 자신이 최근 정계에서 영향력과 권위를 상실하며 겪은 실망감을 견뎌낼 수 있었던 것은 "은거와 휴식에서 안식을 찾고 대화와 여타 기분좋은 수단을 통해 모든 걱정과 슬픔을 내려놓은" 덕분이었지만, 이제는 딸이 죽었으니 모든 것은 과거로 사라졌으며, 가정에서의 사생활과 포럼에서의 공적 생활 모두 그에게 똑같이 괴로울 뿐이라고.

키케로의 유일한 위안

한 친구는 툴리아의 죽음과 관련해 키케로에게 쓴 편지에서 키케로가 계속 불평만 늘어놓는다고 책망했다. 키케로 정도의 지성을 갖춘 자라면 그런 행동이 얼마나 무의미한지 알아야 한다는 것이었다. 키케로는 자신에게 유일한 위안거리는 책뿐이며 "책에 모든 시간을 할애하고 있지만, 이는 장기적인 치유가 아니라 단지 잠깐만이라도 고통을 잊기 위한 방편일 뿐"이라고 인정했다. 그는 오랜 친구 아티쿠스에게 이렇게 전했다.

여기서 나는 그 누구와도 대화하지 않아. 매일 아침 일찍 일어나 빽빽하고 거친 숲으로 숨어들어가서 저녁 어스름이 내릴 때까지 나가지 않지. 내게 고독은 자네 다음으로 가장 좋은 벗일세. 그 상태로 그저 내 책과 대화를 한다네[당시 그는 현재 유실된 저작 『슬픔을 달래는 법에 관하여』를 집필하고 있었다]. 이 대화는 별안간 터지는 울음에 중단되곤 해. 눈물을 참으려고 최선을 다해 싸워보지만 매번 지고 만다네.

키케로의 슬픔이 온통 그의 딸만을 향했다는 사실은 의미심장할 듯하다. 그는 죽은 외손자를 전혀 언급하지 않았다(77쪽 참조).

툴리아의 성소

툴리아가 죽자 곧바로 키케로는 성소를 지어 딸을 신격화하겠다는 남다른 결정을 내렸다. "그리스와 로마의 재능이 공급할 수 있는 모든 종류의 기념비로 그녀를 성스럽게 만들겠다"는 것이었다. 키케로는 이 일의 협상을 아티쿠스에게 의뢰했다. 가능한 위치와 비용을 의논한 많은 서신이 남아 있지만, 성소는 결국 지어지지 않았다.

아티쿠스는 처음부터 이 생각을 못마땅해했다. 비단 아티쿠스만이 아니었다. 키케로는 아티쿠스에게 쓴 편지에서 친구들이 보내온 비판적인 편지들에 관해 불평했다. 친구들이 자기더러 신경쇠약에 걸렸다고 한다는 것이었다. 사실 그는 "슬픔으로부터 관심을 돌릴 가장 고상한 수단이자 교양인에게 가장 어울리는 행위"인 글쓰기에 몰두하고 있다고 했다. 또다른 편지에서 키케로의 "인기와 명망"이 깎이고 있다는 아티쿠스의 말에 키케로는 이렇게 답했다.

사람들이 내게 무엇을 바라는지, 어째서 그리도 비판적인지 나는 도무지 모르겠네. 나는 슬퍼하고 있으면 안 되나? 어떻게 안 그러나? 내가 슬픔에 겨워 어쩔 줄 모른다고? 하지만 그러지 않을 사람이 누가 있나?

극단으로 치닫다

키케로는 툴리아를 몹시 사랑했고 딸에 관한 기억이 영원하길 바랐음이 분명하다. 그의 유실된 저작(앞에서 언급된) 일부가 지금까지 전해지는데, 만일 그리스 신화의 영웅들이 천상에 오를 수 있다면 "그애 역시 같은 영예와 헌정을 받아 마땅하며, 내가 반드시 그리되도록 만들리라"고 적혀 있다.

하지만 로마 스토아학파 철학자들이 보기에 이는 너무 과했다. 로마에서 가장 존경받는 정치가이자 철학자 중 한 사람이 딸이 죽었다고 칩거하는 것도 모자라 딸을 신격화하려 들다니, 대체 뭐하는 짓인지? 가족의 죽음이라는 흔한 사건에 대한 반응으로는 실로 터무니없는 일이었다.

제 4 장

노년의 시련

서사시적 관점

호메로스는 종종 노년을 '혐오스러운', '비참한', '가혹한'이라는 말로 묘사했다. 청년기의 달콤한 아름다움이나 순수성과 대조되는 노년기의 신체 상태, 그리고 이 시기에 당할 수 있는 참혹한 일들 두 가지 모두를 가리키는 표현이었다. 트로이아의 왕 프리아모스는 아들 헥토르가 아킬레우스에게 살해당할 경우 자신에게 벌어질 일을 상상하며, 헥토르에게 제발 그런 위험을 무릅쓰지 말라고 간곡히 당부한다.

불운이 기다리는 삶을 여태 이어가는 이 가련한 아비 또한 가엾게 여겨라. 아버지 제우스께서 내게 비참한 말년을 준비해

두었기에 나는 죽기 전에 온갖 참혹한 꼴을 지켜보아야 한단다. 아들들이 도륙당하고 딸들이 강간당하며, 침실이 약탈되고, 어린 아기들이 바닥에 내동댕이쳐져 살해당하고, 며느리들은 살기 돋친 그리스인들의 손에 끌려가겠지.

누군가의 창이나 검이 이 팔다리에서 생명을 앗아간 후에는 마침내 내 차례가 올 게다. 내가 기르던 개들이 사나운 기운을 뿜으며 내 왕궁의 대문 앞에서 나를 갈가리 찢어발길 게야. 내가 식탁에서 먹을 것을 주며 대문을 지키라고 길들인 바로 그 개들이 문간에 드러누워 제 주인의 피를 끈질기게 핥겠지. 전장에서 죽어 쓰러진 젊은이는 비록 날카로운 창에 사지가 잘렸다 해도 충분히 보기 좋단다. 죽음이 그의 무엇을 드러내든 그중 아름답지 않은 것은 하나도 없을 테니. 하지만 어느 늙은이의 개들이 그의 잿빛 머리와 잿빛 수염과 치부를 욕보일 때면, 가련한 필멸의 존재들은 과연 인간이 얼마나 불행해질 수 있는지 깨닫게 된단다.

노년, 밤의 아들

호메로스와 거의 같은 시대를 살았던 농부 시인 헤시오도스는 우주의 시원에 관한 서사시를 썼다. 이 서사시에서는, 강, 산, 나무 등 세상을 특징짓는 여러 자연물이 인격화된 신으로 등장한다. 그중 하나인 밤은 파멸, 비운, 죽음, 불행, 분노, 원한(네메시스), 기만, 친밀, 갈등, 그리고 "가증스러운 노년"을 자식으로 낳는다. 그중에도 노년은 또다른 시인에 따르면 "신들에게조차" 두려움의 대상이었다. 어느 화병에 그려진 그림에서 노년은 등이 굽고 수척한 노인의 모습이다. 어떤 그림에서는 헤라클레스가 그를 곤봉으로 두들겨 패고 있다.

노인에 대한 조롱

　고대 문학은 인생의 전성기에 있는 호전적인 남자의 가치를 다른 모든 남녀와 끊임없이 대비시켰다. 특히 아주 젊은 사람이나 아주 늙은 사람과의 대비가 두드러졌는데, 이중에서도 늙은 이들은 제일 가치가 떨어지고 쓸모없는 자들이었다. 시인 호라티우스는 문학작품 속 인물들이 흔히 보이는 능력의 종류를 이렇게 설명했다. "청년은 행동하고, 전성기의 사내는 논의하며, 노인은 기도한다." 결국 노인이 할 수 있는 기여라곤 기도가 전부였던 셈이다. 하지만 재미를 위해서라면 얘기가 달라졌다. 역사가 타키투스는 어느 도시를 습격한 군인들의 행동을 이렇게 묘사한 바 있다. "그들은 늙어빠져 죽을 때가 다 된 남녀들을 끌고 나왔다. 전리품으로는 가치가 없을지언정 한바탕 웃음거리로 삼기엔 충분했으니까."

풍자시인의 관점

　유베날리스는 노년의 끔찍함, 이 시기 정신과 육체의 쇠락에 관해 충격적으로 서술했다. 그의 「풍자시」 제10편은 인간의 소망이 얼마나 허황한지 분석하는 데 할애되었는데, 이런 허황한 소망 중 하나는 장수(長壽)였다. 하지만 장수의 결과가 무엇인 가? 알아볼 수 없게 주름지고 처진 흉한 얼굴, 덜덜 떨리는 사지 와 목소리, 벗어진 머리, 줄줄 흐르는 콧물과 아기처럼 이가 없 는 잇몸. 한껏 열이 오른 유산 사냥꾼들(102~106쪽)마저도 역 겨워할 터이다. 음식맛도 술맛도 모르며, 성기는 생기 없이 축 늘어진다. 귀가 깜깜하니 노래를 들어도 극장을 찾아도 의미가 없다. 이루 다 헤아릴 수 없는 아픔과 질병―부실한 어깨와 골 반과 엉덩이, 나빠진 시력, 누가 떠먹여줘야 해서 어린 새처럼 쩍 벌린 입.

하지만 최악은 노년이 정신력의 상실을 가져온다는 것이었 다. 이름이나 얼굴을 기억하지 못하며, 유산을 가족이 아닌 여 우 같은 매춘부에게 몽땅 물려주기도 한다. 설령 정신이 멀쩡하 다 해도 자기보다 젊은 사람들―자식, 아내, 동생―의 장례식 에 참석해야 한다. 언제나 자신이 지나치게 오래 살았다고 **투덜 거리면서** 말이다!

마지막으로 유베날리스는 이러한 장수의 고통을 겪었던 옛 영웅들을 열거했는데, 그중 한 사람은 트로이아의 마지막 왕 프 리아모스였다. 그는 기나긴 삶의 끝에 트로이아와 전 백성이 파 멸하는 것을 보았다(81~82쪽).

풍자작가의 결론: 남자의 건강

유베날리스가 제시한 좋은 삶의 비결은 다음과 같다. 무언가를 빌어야겠다면 멘스 사나 인 코르포레 사노(*mens sana in corpore sano*) 즉 '건강한 신체에 깃든 건강한 정신', 두려움 없는 죽음과의 대면, 슬픔을 견디는 능력, 분노에 흔들리지 않는 마음, 그리고 무욕(無慾)을 빌라. 마지막으로,

따라서 평온한 삶을 원하면 선한 사람이 되길 빌라. 행운의 여신은 우리에게 줄 것이 없으니, 그녀를 신으로 만들어 천상에 둔 것은 우리 자신이다.

노년의 성

많은 고대 작가들이 노년의 성행위에 혐오감을 드러냈는데, 젊은 사람(대개 여성)과 늙은 사람(대개 남성)의 결합일 때 특히 그러했다. 도덕주의 성향을 띠었던 플루타르코스는 심지어 자기보다 더 엄격한 도덕주의자였고 홀아비로 지내던 대 카토(138쪽 참조)가 근 여든 살에 하녀와 동침하다 아들에게 목격된 것을 알고 충격에 빠졌다(하녀는 자주 법석을 피우며 그의 침실에 들었다). 이어서 카토는 보조 비서관 중 하나의 딸이었던 이 젊은 하녀에게 청혼을 했다. 하녀의 아버지는 정신이 얼떨떨했는데, 카토가 남자구실을 못할 것이어서(그는 그렇게 짐작했다)라기보다 개선식까지 치른 바 있는 전직 집정관 카토는

자기 딸 중 누구에게나 과분한 결혼 상대였기 때문이다. 어쨌거나 재빨리 충격에서 벗어난 그는 신이 나서 딸을 넘겼다(165쪽의 케팔로스와 대비된다). 카토는 이 혼사로 아들 하나를 얻었다.

늙은 매춘부

고대에 여성의 기능은 무엇보다도 성적인 것이었으므로, 결혼제도 **바깥**에서 그런 서비스를 제공하는 여자들은 일단 미모가 시들면 아주 신랄한 독설의 대상이 되었다. 남자들은 그녀들이 젊을 때는 넋을 잃고 어쩔 줄 몰라 했지만, 나이들어 쓸모없어지고 나면 그 대가를 톡톡히 치르게 만들었다. 여전히 섹스에 굶주렸지만 젊고 매력적으로 보이려 갖은 애를 써도 남자들에게 혐오감만 주게 된 존재로 묘사한 것이다. 호라티우스의 다음 시구에 당시의 일반적 시각이 잘 드러나 있다.

쉰내 나는 늙은 매춘부야, 감히 나한테 어쩌다 불능이 되었냐고 묻느냐?
치아는 시커먼데다, 나이가 하도 많아 이마에 주름이 자글자글하고, 축 처진 엉덩이 사이로 헐어빠진 추접스러운 똥구멍이 소 아가리처럼 벌어져 있구나.

또다른 글에서 호라티우스는 "백악 가루와/ 악어 똥 염색약이 발정난 그 여자 얼굴에 흘러내리더라"고 묘사했다.

놀랄 것 없다. 당시 이 여성들은 남자의 성적 쾌락의 대상으로만 여겨졌으니까. 더이상 남자에게 성적 쾌락을 주지 못하게 되면 가장 만만하고 악의적인 보복의 상대로 여겨질 뿐이었다.

하지만 당대 가장 이름난 매춘부였던 라이스의 경우 그녀의 퇴색한 미모를 주제로 감동적인 경구들이 창작되었다. 라이스는 한창때 빼어난 미모로 온 그리스를 비웃었고 그녀의 집 앞에 청년들이 벌떼처럼 몰렸으나, 말년에 그녀는 자기 거울을 아프로디테에게 바쳤다. "나 자신을 지금 모습대로 보고 싶지 않지만 과거 모습대로 볼 수도 없다"는 이유에서였다. 반면 오비디우스는 나이든 여자들에게서 큰 가능성을 보았고 육체적 매력을 유지할 유용한 조언을 주기도 했다(다만 화장대의 온갖 단지와 병을 애인이 보지 못하게 할 것이며, 화장을 너무 두껍게 하진 말지어다).

늙은 부부

고대에 혼인 관계는 대체로 매우 존중받았다. 묘비에는 결혼 생활의 큰 고비인 노년의 사랑과 어울림에 관한 감동적인 사연들이 남아 있다(206쪽 이후를 참조). 예를 들어 세네카는 열병 때문에 요양차 시골의 빌라로 떠나면서 젊은 (두번째) 아내에게 걱정을 끼칠까봐 염려했다. 아내가 그에게 더는 바랄 수 없을 만큼 크나큰 애정을 바치고 있었기에, 노년에 접어든 남편이 몸을 세심히 돌보길 바라는 그녀의 소망을 그는 차마 외면할 수 없었다.

아내나 친구를 중요하게 여기지 않기에 삶에 더 오래 머무르려고도 하지 않는 자―기어코 죽기를 고집하는 자―는 오로지 그 자신의 안락에만 신경을 쓰는 셈이다. (…) 노년의 가장 큰 장점은 자기보존 본능이 줄어들고 삶을 더 모험적으로 살 수 있다는 것이긴 하나, 자신을 더욱 세심히 돌보는 것이 아내나 친구에게 기쁨이 되고 유용하며 그들의 바람에 부응한다면 응당 그러함이 마땅하다.

오비디우스는 바우키스와 필레몬이라는 노부부가 등장하는 멋진 이야기를 전해준다. 신들은 이 둘을 흡족히 여겨 무슨 소원이든 들어주겠다고 했다. 그들은 함께 죽기를 청했고 소원은 이루어졌다. 어느 날 두 사람은 갑자기 상대방의 몸에서 가지와 이파리가 돋아나는 광경을 목격한다. 그들은 동시에 "안녕, 내 사랑"이라고 외치며 각각 나무둥치로 변했다. 한 나무에서 자라난 두 개의 둥치였다.

노인의 질병
히포크라테스는 노인이 걸리기 쉬운 질환들을 다음과 같이 열거했다.

노인들에게 나타나는 어려움으로는 호흡 곤란, 카타르성(점액이 다량 배출되는 염증―옮긴이) 기침, 방광 폐색, 배뇨통, 관절염, 신장 질환, 어지럼증, 중풍, 심각한 체중 감소, 전신의 심한 가려움증, 불면증, 장과 눈과 코에서의 묽은 점액 배출, 시력 감퇴, 녹내장으로 인한 시력 상실, 청력 상실이 있다.

여기에 켈수스는 이질과 만성 설사 증세를 덧붙였고, 고대 사료에 언급된 그 밖의 흔한 증상으로는 치아 손상, 발기 불능, 통풍, 소화불량, 좌골신경통 등이 있다.

짧은 인생은 자연이 내려준 가장 큰 축복이라는 대 플리니우스의 말이 전혀 놀랍지 않다. 정신과 신체의 기능 쇠퇴로 고통받는 사람들은 살아도 '산다'고 하기가 어렵지 않은가.

프론토, 선두(front)에 서다

프론토(8쪽)는 대략 예순 살 나이에 사망했다. 그의 편지 216통이 현존하는데 그중 4분의 1에 신체 통증이 언급된다. 프론토는 팔, 발, 발가락, 어깨, 무릎, 발목, 손, 목, 눈, 사타구니, 등, 허리, 옆구리, 척추, 그야말로 '사지 전신'에 문제를 겪었다. 그가 언급한 증상으로는 통풍, 신경염, 류머티즘, 인후염, 기침, 불면증, 감기, 복통, 콜레라로 짐작되는 '질환'("목소리가 나오지 않고 목구멍이 막혀 호흡이 힘들었습니다. 순환 장애가 생겼고 맥박이 멈추며 의식을 잃었지요. 가족들은 결국 포기했고, 나는 한동안 정신을 잃은 채 누워 있었습니다……")이 있었다. 또다른 때에는 "침대에 붙들린 채 (…) 몸이 너무 많이 상해서 허리를 구부릴 수도, 세워 앉을 수도, 몸을 돌릴 수도 없고 목도 전혀 움직이지 않았"고, "너무 많은 통증과 질환"에 시달렸다. 이런 상태였으니 건강상의 사유로 아시아 속주 집정관급 총독 직을 고사한 것도 당연한 처사였다.

직업군인

공화국 체제에서 군대는 의무 복무를 하는 일반 시민들로 구성되었다. 다음에 소개하는 시민도 그런 경우다. 기원전 171년 로마는 마케도니아에 맞서 세번째 전쟁을 준비하고 있었다. 마케도니아는 알렉산드로스대왕의 고국으로 당시 그리스 본토를 장악하고 있었다. 이때 로마에서는 군대 복무 조건에 관한 논란이 일었고, 스푸리우스 리구스티누스라는 쉰 살 넘은 장기 복무 퇴역병은 심사 위원회 앞에서 발언할 기회를 얻었다. 역사가 리비우스의 기록에 따르면 그의 발언은 이렇게 시작됐다.

부친은 제게 약 4천 제곱미터의 토지와 작은 오두막을 물려주셨습니다. 저는 그 집에서 태어나고 교육을 받았으며 지금도 거기 삽니다. 제가 성년에 이르자 부친은 곧장 저를 사촌누이와 결혼시켰고, 신부는 자유인 신분과 순결 외에는 아무것도 들고 오지 않았습니다. 다만 그녀는 훨씬 더 부유한 가문에 어울릴 다산의 여성입니다. 저희 부부에게는 아들 여섯 과 딸 둘이 있습니다. 딸들은 둘 다 결혼을 했습니다. 아들 중 넷은 성인이 되었고 둘은 아직 어립니다.

리구스티누스는 자신의 군 경력을 간추려 말했다. 그리스(기원전 200년부터), 스페인(기원전 195년부터), 다시 그리스(기원전 191년), 그리고 다시 스페인(기원전 182년)에서 복무했고 훈장을 받았다. 이어서 그는 이렇게 말했다.

몇 해 동안 최고참 백인대장을 네 차례 맡았고, 제 사령관들로부터 용맹함을 치하하는 훈장을 서른네 차례 받았습니다. 시민관을 여섯 차례 받았으며, 군대 복무 기간 22년을 채우고 지금은 나이가 쉰이 넘었습니다…….

22년은 국가가 군인에게 복무를 요청할 수 있는 최대 기간이었지만, 리구스티누스는 국가에 더 봉사하겠다는 열의에 차 있었다. 리비우스에 따르면 많은 퇴역병이 기꺼이 재입대할 의사가 있었다. 그리스에서의 이전 전쟁들이 전리품과 보상금으로 "사병들을 부자로 만들어주었기" 때문이다.

리구스티누스는 자력으로 성공했다. 하지만 한 가지 의문이 떠오른다. 군인이 **전투**에서 살아남을 확률은 과연 어느 정도였을까? 이 질문의 답을 구하기는 매우 어렵다. 기원전 216년 칸

나이 전투에서는 로마 군인 8만 6천여 명 중 5만여 명이 한니발의 군대에 목숨을 잃었다. 하지만 이는 상당히 드문 사례다. 최근 추정치에 따르면 '일반적인' 상황에서 승리한 군대의 사망률은 대략 5퍼센트, 패배한 군대의 사망률은 대략 15퍼센트였다. 그런데 로마군은 질 때보다 이길 때가 훨씬 많았다. 어느 학자는 기원전 400년부터 서기 500년까지 전사한 로마 군인의 수를 약 88만 5천 명으로 추산했다. 참고로 1차대전시 영국군 전사자는 약 88만 명이었고, 2차대전 때는 약 38만 8천 명이었다.

긱 이코노미(gig economy)

우리가 흔히 생각하는 의미의 '직장' 즉 근무기간, 계약서, 근무조건, 휴가, 퇴직금 등이 존재하는 고정적인 일자리는 고대에 없었다. 당연히 보건이나 안전 기준 따위도 없었으며 그저 일감을 얻으면 일을 했다. 이른바 긱 이코노미(기업들이 직원을 정규직이 아닌 계약직이나 임시직으로 고용하는 경제 상황을 일컫는 용어. 1920년대 미국에서 재즈 공연의 인기가 높아지자 단기 공연 팀(gig)들이 부쩍 늘어난 데서 유래했다―옮긴이)가 보편적이다시피 했으니, 당시 사람들의 생활 형편이 어땠을지 가히 짐작될 것이다(12쪽 참조).

식생활과 질병

정기 배급 곡식만으로 살아가는 로마 시민은 없었다. 한 가족을 먹여 살리기에 부족한 양이었는데다, 곡류만 먹고 살 수도 없는 노릇이었다. 기본적인 영양 보충은 올리브, 포도주, 야채(병아리콩과 렌즈콩), 과일 등을 통해 이루어졌고 이따금씩 생선과 돼지고기, 그리고 때에 따라 루핀콩, 완두콩, 순무, 도토리, 야생완두, 샐러드가 곁들여졌다. 헤르쿨라네움 지역 아파트 밑의 폐쇄된 터널을 조사해보니 에머밀, 수수, 보리, 렌즈콩, 사과, 배, 딜(허브의 한 종류―옮긴이), 회향, 양귀비씨, 가룸(생선 액젓―옮긴이), 멸치, 도미, 자리돔, 다랑어를 섭취한 사실이 밝혀졌다. 이러한 식재료를 구할 돈이 있음을 전제해야겠지만, 이만하면 충분히 균형잡힌 식단이다.

하지만 로마는 건강한 도시가 아니었다. 의사였던 갈레노스는 로마를 "매일 황달 환자 1만 명, 수종 환자 1만 명이 발견되는 사람 많은 도시"라 일컬었다. 대 플리니우스는 『박물지』에서 이주민을 통해 유입된 '전대미문의 질병'을 별도의 항목으로 잡았다. 인구 과밀은 질병이 쉽게 전파될 수 있음을 뜻했다. 로마의 저지대에서는 티베리스강이 주기적으로 범람했으며, 이로 인한 음식물 오염과 기본적인 위생관리 부재(혹은 무시)는 치명적인 결과를 불러왔다. 저지대는 인간에게 치명적인 해를 가하는 특정한 모기들의 온상이었다. 결핵, 장티푸스, 위장염도 흔했다. 이들 전염병은 당시 주된 사망 원인으로, 빈민층이 무리지어 생활했다는 점을 감안하면 한 해 수천 명의 목숨을 앗아갔을 것이다. 젊은 여성들에게는 출산도 위험 요소였다.

노동자

고대에도 특별한 기술을 요하는 직업의 실무 교육을 받을 수 있었다. 로마인은 대부분 아버지의 직업을 이어받았지만 자유인이나 노예의 자녀 모두 화가, 조각가, 석공, 기능공, 건축가, 필경사(원고 복사), 의상 담당자, 조향사, 세탁부, 배우, 호명꾼(부유층은 손님들 이름을 기억하고 알려줄 노예가 필요했다), 이발사, 무용수, 시중꾼으로 훈련받을 수 있었다. 묘비에는 이런 직업들에 관한 정보가 많다. 소년들은 거울 장인, 금은 세공사, 회계원, 제빵사, 모자이크 장인, 점원 등으로 일했고, 소녀들은 하녀나 몸종 또는 유랑극단의 무희가 되었다. 로마 치하의 이집트에서 작성된 어느 문서에는 12~13세 아이들이 계약하에 수습 생활을 할 수 있는 직업 목록이 적혀 있다. 기간은 6개월에서 6년까지 다양했고 일의 종류로는 손발톱 다듬기, 피리 연주, 방직, 건축, 구리 세공, 양털 깎기 등이 있었다. 방직 수습공이 가장 흔했지만, 어쨌든 여기 열거된 수습 과정 모두 숙련된 기술을 필요로 했다.

이중에 신체적 위험이 따르지 않는 일은 하나도 없지만, 사실 훈련이나 기술 없이 이런저런 비정기적인 일거리를 찾아다니는 부류가 훨씬 더 위험에 노출되어 있었다. 밭을 갈 하루 일꾼을 구하는 도급업자나 일감을 찾아 식료품 시장에 모인 요리사들의 이야기도 사료에 등장한다. 부두에는 짐꾼이, 건축 현장에는 건설 노동자가 모였을 것이다. 건설 노동자는 숙련이든 비숙련이든 늘 수요가 있었고, 어떨 때는 (최근 추정치에 따르면) 로마 노동력의 25퍼센트를 차지했다고 한다. 이웃과 가족 등의 인맥이나 각종 직업 조합도 일감을 얻는 통로가 되었다. 시골의 경우 이탈리아 땅과 로마 치하 다른 지역(특히 이집트)의 작은 개인 소유지나 대규모 토지에서 짓는 농사가 시골 가구 및 도시 거주민에게 먹을 것을 제공했다. 우리는 닭을 치고 포도를 따고 장작을 패고 가축을 돌보는 젊은 일꾼들의 이야기를 듣는다. 어느 낙서를 보자.

여덟 가지 일을 해본 당신—술집 시중꾼, 토공, 염장생선 장수, 제빵사, 농부, 구리 장신구 세공사, 소매상, 그리고 항아리 장수까지. 이제 ××만 핥으면 할 만한 일은 다 해본 셈이구나.

위험: 일터의 사람들

로마에 항상 일거리가 있긴 했어도, 최저생활 수준으로 사는 사람들(12쪽 참조)은 육체적으로 또 아마도 정신적으로 상당한 스트레스를 받았을 것이다. 온갖 위험한 장소에서 날이 좋거나 궂거나 고된 노동에 시달렸으니 상해 및 사망률이 오늘날 기준으로 봤을 때 그야말로 아주 높았을 터이다. 키케로는 농사일에 관해 서정적인 시각을 드러낸 바 있다.

소득이 보장되는 모든 직업 중에서 농사보다 더 좋은 일이 없다. 그보다 더 수익이 좋은 일도, 더 희열을 주는 일도, 더 자유인에게 적합한 일도 없다.

하지만 이는 비옥하고 너른 토지가 있는 신사 농부가 자신의 즐거움을 위해 노예와 해방노예를 두고 짓는 농사에 대한 시각이었다. 키케로는 평생 동안 열일곱 곳의 토지를 구입했고 땅에서 한없이 일에 매달리는 사내와는 거리가 멀었다. 키케로가 제시한 이미지는 남의 땅에서 일하거나 고작 한두 뙈기를 소유한 전형적인 농부의 고된 노동생활과 전혀 관계가 없었다. 이런 보통 농사꾼이 땅에서 거둔 것을 조금이나마 시장에 내다팔아 가족의 생계를 이을 수 있을지는 예측 불가능한 자연의 변덕에 크게 좌우되었다.

요양 시설

사회보장제도가 부재했으므로 말년에 이른 노인들은 자력에 기대야 했다. 어쨌든 60세를 넘기는 사람들이 매우 드물었으니 이는 그리 일반적인 문제가 아니었을 것이다(22~23쪽 연령 통계 참조). 하지만 고대의 시각을 기준으로 삼는다면 40대에 노년기가 시작되는 것으로 판단하는 경우도 있었다(31쪽).

어떻든 간에 당시 말년에 이른 노년층이 도움을 구할 수 있는 곳은 오직 자기집뿐이었다.

아테네의 해법

아테네에서 공직은 30세를 넘긴 모든 성인 남성에게 열려 있었고 최종 임명은 추첨으로 이루어졌다. 하지만 공직자로 이름을 올리기에 앞서 수많은 질문에 답변해야 했는데, 그중 하나가 '부모님을 잘 모시는가?'였다. 사실 아테네인은 이 문제를 몹시 진지하게 여겨 관련법까지 제정했다. 법률가 솔론은 자기 부모(조부모도 포함되었던 것으로 보인다)를 부양하지 않는 자의 시민권이 박탈당하도록 했다.

좀더 후대의 철학자인 히에로클레스는 부양에 포함되어야 할 사항을 구체적으로 명시한 데 이어 이는 자식이 부모에게 **되갚아야** 할 호혜적 의무라고 주장했다.

> 그러므로 우리는 부모에게 넉넉히 음식을 제공해야 하며, 허약해진 노년의 신체에 도움될 세간살이 또한 아낌없이 지원해야 한다. 이 밖에도 부모가 침대와 잠과 기름과 목욕과 의복, 한마디로 신체 필수품 전반에 전혀 부족함을 겪지 않게 해야 한다. 이로써 부모가 갓난아기였던 우리에게 베푼 보살핌을 그대로 따르는 것이다.

일반적으로 아테네인은 가족 보호를 무척 중시했다. 솔론의

법은 고아나 사별한 남편의 집에 머무르는 임신한 과부에게도 적용되었다.

로마식 모범

로마인의 시조 아이네아스는 그에 관한 대서사시(238쪽) 전체에 걸쳐 '피우스(*pius*)'라는 말로 묘사된다. '가족과 신들과 나라에 헌신적인'을 뜻하는 이 말은 수동적이 아닌 매우 적극적인 의미를 띠었다. 이는 로마인다움을 구성하는 요건 중 하나였다. 노년과 관련지어 말하면, 로마에서 집안 어른에게 경제적 지원부터 제대로 된 장례식까지 적극적인 부양을 제공하는 것은 한 가족이 마땅히 져야 할 의무였다.

그리고 국가가 보기에 가족은 이 모든 것이 시작되고 끝나는 곳이었다. 로마에서는 아테네와 달리 제국 후반(서기 2세기경)에 이르러서야 노인 부양을 의무화하는 법이 통과되었다. 그 이유는 가족의 구조가 이미 자연스럽게 바람직한 결과를 보장하고 있었기 때문일 것이다. 어쨌든 가장들은 대개 정신이 흐려지기 전에 삶에 안녕을 고했겠지만(24~25쪽), 정신을 온전히 유지한 가장이라면 자신을 제대로 보살피게 할 권위를 충분히 지니고 있었을 것이다. 이는 가장의 아내도 마찬가지였다.

산산이 흩어진 재산

고대의 부는 거의 전적으로 토지 형태로 유지되었다. 토지를 소유한 자는 (i) 땅을 농부들에게 빌려주거나 (ii) 하인을 구해 땅을 경작하고 농산물을 팔아 막대한 이득을 올렸다. 이는 금융 거래와 더불어 로마 사회에서 대부분의 귀족 가문이 지위와 신분을 유지하는 방법이었다.

하지만 여기에는 한 가지 문제점이 따랐다. 가장이 사망하면 자녀들이 재산을 한몫씩 나눠 갖는 것이 일반적인 관행이었다. 그런데 대가족의 경우 어떤 일이 벌어졌을까? 시간이 지남에 따라 토지가 잘게 쪼개지면서 이 가문은 결국 거대한 부가 가져다주었던 '영향력'을 모두 잃을 터였다.

따라서 귀족들은 재산이 지나치게 분산되지 않도록 가족 수를 적게 유지했다. 하지만 이 또한 위험했다. 높은 사망률 때문에 남자 상속인이 한 명도 없게 될 가능성이 증가했던 것이다. 그렇게 되면 토지는 딸들과 함께 몽땅 사라져버렸다. 딸들은 자기 몫으로 받은 토지를 결혼할 때 지참금으로 다른 가문에 들고 갔기 때문이다. 그렇긴 해도 이 문제는 적절한 시기에 양자를 들이는 것(74쪽 주석 참조)으로 해결할 수 있었다.

사실 어느 세대에나 귀족 가문의 약 75퍼센트가 자취를 감추고 새로운 가문이 그 자리를 대체했다. 그러므로 가장은 토지를 누구에게 어떤 조건으로 남길지 잘 생각해야 했다. 그리고 노년이 길어질 경우를 대비해 어떻게 해야 가족들이 그를 잘 보살펴줄지에 관해서도 필시 열심히 궁리했으리라.

고인의 뜻이 있는 곳에

로마법은 상속인이 미덥지 않은 경우를 위한 대비책을 갖추고 있었다. 예를 들면 가장이 상속인을 완전히 신뢰할 수 없을 경우에는 상속인이 성인으로 자라 어느 정도 책임감을 갖췄을 때 넘겨주라는 지시와 함께 일단 제삼자에게 토지를 맡길 수 있었다. 아들들이 가산을 탕진할 게 뻔하다고 생각하는 어머니는 아들들에게 토지를 물려주되 손주가 태어날 때까지 제삼자에게 토지를 맡긴다는 단서를 붙일 수 있었다. 아들들은 25세가 되면 유산을 물려받았다.

앞에서 지적했듯이 어느 때나 죽음이 자식을 덮칠 수 있었다(대략 여섯 부부 중에 한 부부가 상속인을 남기지 못한 것으로 추산된다). 따라서 가장들은 자신이 신뢰하는 누군가(예컨대 아내)에게 토지를 남기며 훗날 누구든 살아남은 자손에게 물려주라고 지시하기도 했다.

친구와 적

성 아우구스티누스는 '고인은 아무것도 모르고 묘비 아래 누워 있지만 고인이 남긴 말은 완전한 법적 효력을 지닌다'는 역설을 언급한 바 있다. 바로 이러한 이유에서 로마인들은 다른 모든 사람들처럼 훌륭한 유언장을 선망했으며, 간혹 '까다로운' 가문의 경우 노인의 유언장이 공개되어 불화가 생기기도 했다.

이는 로마인들이 유언장을 한 사람이 살면서 구축한 사회관계—지배층 가문의 생명줄—를 제대로 인정받고 자기가 죽은 뒤에도 이 관계가 유지되리라고 확신할 중요한 수단으로 여겼기 때문이다. 플리니우스는 "사람들은 흔히 유언장이 고인을 비추는 거울이라고 믿는다"고 했으니, (이제 고인이 된) 가장은 그와 제일 가깝고 정이 두터운 관계라고 착각하는 이들에게 유언장을 통해 자신의 진짜 속내를 밝힐 기회를 갖게 되기 때문이었다. 모든 사람들이 가장의 솔직한 생각을 알고 싶어했으므로 유언장 공개는 몹시 기다려지는 일이었다. (키케로는 어느 편지에 이렇게 썼다. "섹스투스가 세상을 떴다고 들었네. 상속인은 누구고 유언장은 언제 공개되는지 알려주게." 그는 이런 부탁을 자주 했다.) 이러한 최후의 공적 평가는 매우 중요했고, 이 모두가 가문 구성원들이 긴장을 늦추지 않게 만들었다.

정치의 최상층부로 올라가면 이는 매우 심각한 사태를 불러오기도 했다. 아우구스투스는 그가 도와주었다고 생각한 친구들의 마지막 평가에 병적인 집착을 보였다. 자신을 충분히 찬양하지 않으면 낙담했고, "감사와 충심을 담아" 언급하면 기뻐했다(지배층 가문들이 유언장을 통해 그에게 **한 해** 평균 7천만 세스테르티우스를 유증했다는 사실이 별반 놀랍지 않다). 페트로니우스의 사례(116쪽)와는 사뭇 대조적이다!

돼지의 유언장

성 히에로니무스는 학생들이 어느 돼지의 유언장을 암송하면서 데굴데굴 구르며 웃었다고 기록했다.

돼지 꿀꿀 꽥꽥 씨가 유언장을 작성했다. 그는 자신의 식량
일부를 유산으로 남기려고 부모를 불렀다. 아버지께 도토리
30모디우스를 남기며[다른 가족이 차례로 언급된다] (…) 다
음으로 내 장기 중에 털은 신발 수선공에게 기증하며, 귀는
귀머거리에게, 혀는 변호사들에게, 허리는 여자들에게, 오줌
보는 소년들에게, 꼬리는 소녀들에게, 궁둥이는 남색가들에
게, 발뒤꿈치는 달리기 선수들과 사냥꾼들에게……

이런 식으로 계속 이어진다. 유언장으로 자산을 이렇게나 널
리 퍼뜨릴 수 있었던 것이다.

유산 사냥 I

로마에서 유명했던 냉혈한 돈벌이 수단 하나는 상속인이 없
는—또는 한두 명뿐인—'돈 많은 영감'이나 '인색한 과부'를 물
색해 환심을 사고 상속인으로 이름을 올리는 것이었다. 가능하
면 단독 상속인이 좋은데 그러면 전 재산을 낚아챌 수 있었기
때문이다. 로마인들은 이런 사람들을 경멸했다. 출생과 부 그리
고 지위의 관계에 대한 로마인들의 신념을 전면 부정하는 존재
였기 때문이다.

소 플리니우스는 친구에게 보낸 편지에서 이렇게 혐오스러

운 방법으로 재산을 모은 레굴루스라는 자의 기행에 대해 경멸을 쏟아냈다. 여러 사례 중에서 한 가지를 들자면, 레굴루스는 아픈 여자의 집을 찾아가 별점을 보는 척하고 제물을 바친 후 별점이 좋으니 곧 건강해지리라 맹세했다. 여자는 유언장에 그의 이름을 적고 곧바로 죽었다. 플리니우스에 따르면 레굴루스는 "마치 당연한 대가를 받듯 토지와 유품을 받아들였다".

유산 사냥 II

유산 사냥꾼에게 시달리는 노인을 다른 측면에서 바라본 사람들도 있었다. 대 플리니우스는 세상이 넓어질수록 사내들은 더욱 부유해지며 순전히 이 부에 힘입어 권력 있는 자리에 오른다고 주장했다. 그 결과,

자식 없는 이들이 최고의 영향력과 권력을 손에 넣었고, 유산 사냥은 가장 실속 있는 돈벌이가 되었다.

달리 말하면 상속인이 없는 이들은 사람들이 그의 돈을 보고 몰려들기 때문에 뭐든 마음대로 할 수 있다는 뜻이었다("아내가 자식을 못 낳으면 유쾌하고 배려 깊은 친구들이 생긴다"고 유베날리스는 말했다). 키케로는 이 말의 뜻을 명쾌하게 풀어냈다.

유산 사냥꾼은 노인이 원할 때 말상대를 해주고, 그의 요구를 들어주고, 그를 졸졸 따라다니고, 그와 함께 앉고, 그에게 선물을 갖다바쳐야 한다.

키케로가 보기에 유산 사냥꾼은 사실상 노예나 다름없었다. 세네카는 이 현상을 키케로보다도 더 나쁘게 보았다.

한때 로마에서는 자식이 없는 것을 노년의 재앙으로 여겼다. 하지만 이제 자식이 없는 것은 그 사람의 영향력을 외려 더 키워주며 권력으로 가는 길을 열어주니, 어떤 사람들은 자기 아들들을 미워하는 척하고 자식들과 의절한다. 그리하여 스스로 자식 없는 사람이 되는 것이다.

하지만 세네카가 지적했듯 "외로운 노인이 유언장을 수정하면 아침마다 찾아오던 이는 다른 집으로 옮겨갔다".

유산 사냥 III: 풍자적 접근

풍자 작가들은 이 유산 사업을 두고 신이 나서 떠들어댔다. 시인 호라티우스(기원전 65~8년)는 오디세우스가 돈 한푼 없이 트로이아에서 집으로 돌아가는 길에 예언자 테이레시아스(235~236쪽)를 만나 "부가 없으면 출생과 능력은 해초만큼의 쓸모밖에 없으니" 다시 재산을 쌓을 방법을 알려달라고 부탁하는 장면을 그려냈다.

테이레시아스는 유산 사냥을 제안한다. 자식이 없고 돈 많고 힘없는 노인을 찾아 그에게 꼭 필요한 사람이 되라는 것이다. 취약한 이의 환심을 사는 것이 게임의 법칙이었다. 사용할 수 있는 카드는 아첨과 매춘 알선, 그리고 '조언'이었다. 낚싯바늘을 쓰거나 살살 다가가 물고기를 잡듯 사냥감을 포획하라.

테이레시아스에 따르면 특히 실속 있는 서비스는 유언장 작성과 관련해 개인 법률 자문가 역할을 하는 것이다. 이 일을 잘 해내면 다른 사람들도 여럿 도움을 청할 것이다. 혹시 목표물에게 아들이 있으면 제2상속인 자리를 노려볼 만하다. 특히 그 아들이 병약하다면 일찍 죽을 수도 있다.

목표물이 시인이 되길 꿈꾼다면 그의 작품에 칭찬을 퍼부어라. 호색한이면 아내를 빌려주어라("뭐라고! 정숙한 페넬로페를 말이오?" 오디세우스가 반문하자 테이레시아스는 말한다. "문제없소. 돈맛을 보면 그녀도 뼈다귀를 본 개처럼 달려들 테니.") 그렇게 해서 마침내 성공하면 반드시 성대한 장례식을 열어 비통한 모습을 보여야 한다. 다음 희생물 마련을 위한 준비가 될 것이다.

다른 작가들도 이 주제를 다루었다. 유베날리스는 이렇게 말했다. 희생물에게 선물을 안기고 그의 콧물을 닦아줘라. 통하는 건 뭐든지 하라. 부유한 독신녀나 독신남이 가벼운 열이라도 나면, 그들이 죽었을 때 황소 100마리를 제물로 바치겠다는 맹세가 사원마다 가득찰 것이다. 아니, 구할 수만 있다면 코끼리 100마리가 훨씬 효과 있으리라. 실제로 유산 사냥꾼들은 토지를 손에 넣기 위해서라면 외모가 가장 빼어난 노예도, 젊은이든 늙은이든 남자든 여자든 기꺼이 넘겼다—심지어 자신의 딸도.

마르티알리스는 게멜루스라는 자를 조롱의 대상으로 삼았다. 그는 마로닐라에게 필사적으로 구혼중이었다.

"그러니까 그 여자가 굉장한 미인인 모양이지?"
"아니, 정나미 떨어지게 못생겼지."
"그러면 대체 그 여자 매력이 뭔가?"
"기침을 살짝 하더라고."

결혼까지 불사하는 유산 사냥꾼들이 많지는 않았다. 제비족 행세 정도면 (희망컨대) 현찰을 거둬들이기 위한 희생으로 충분했다.

의무

로마제국 치하의 로마인은 성년에 이르면 수많은 무네라(*munera*) 즉 개인적·공적 의무를 이행해야 했다.

가장 눈에 띄는 개인적 의무는 군 복무지만(90~91쪽 참조) 다른 의무들도 있었다. 간혹 토지에 대한 추가 세금을 납부해야 했고, 공공 도로 및 건물 유지와 보수 같은 업무를 수행했는데 재정적 기여도 같이 했던 것 같다. 또한 재판관을 서거나 공직을 맡기도 했는데 분명 이때 필요한 금전적 부담이 상당했을 것이다. 이런 공직 중 하나는 속주 도시의 지역의원 직으로 종신직이었고 나중에는 세습직이 되었다. 지역의원들은 세금을 징수했는데 가장 큰 부담은 체납될 경우 손실을 직접 메워야 한다는 것이었다. 이에 덧붙여 건물, 도로, 벽, 상하수도 유지 및 보수, 곡물 공급 등 갖가지 업무가 있었다. 제국시대 후반으로 갈수록 더 많은 사람들이 이러한 의무를 기피했다.

일반적으로 나이가 25세 미만이거나 60세 초과인 자들은 이런 의무를 면제(군 복무는 제외하고)받았지만, 나중에는 70세 초과 및 퇴역병으로 면제 요건이 조정되었다. 하지만 일손이 부족할 때면 이 규정도 무시될 수 있었고, 순전히 금전적 요구에 해당하는 의무는 나이와 상관없이 늘 이행해야 했다.

하지만 의무가 없다면?

대부분의 학자들은 원로원 의원들이 60세 이후 스스로 '은퇴'를 선택할 수 있었다는 데 의견이 일치한다. 하지만 공직 은퇴는―그 밖의 유용한 공적 의무를 수행하던 의원들의 경우에도―이제 자신의 시대가 끝났다는 느낌을 불러일으킬 수 있었다. 그래서 그들은 쓸모 있는 존재로 남기 위해 계속 열심히 일하는 쪽을 택하기도 했다. 아무튼 당시 수명이 짧았고 의료 서비스가 부재했다는 사실을 고려할 때 이런 선택은 일부 운좋은 소수에게나 문제가 되었을 것이다.

갈레노스가 분석한 노년

의사 갈레노스는 건강이 체내의 열(熱)과 냉(冷) 그리고 건(乾)과 습(濕)의 적절한 균형에서 생겨난다고 보았다. 혈액 배출, 하제(즉 완하와 관장), 음식, 음료, 운동, 목욕 등은 이 목표에 도달하기 위한 수단이었다.

갈레노스는 의료적인 목적에서 노년을 3단계로 나누었다.

• 노년기 중반('전 노쇠기'로 불린다): 아직 시민의 의무를 이행할 수 있다.

• 노쇠기: 사람들은 이들에 관해 "목욕과 식사를 마쳤으면 포근히 주무시게 하라"고 말한다.

• '산송장'기: 말 만들기 좋아하는 사람들이 이렇게 부른다. 이 단계에 이르면 이미 영원으로 가는 여정이 시작된 것이기 때문이다.

노인학자의 조언

갈레노스에 따르면 몇 가지 의료적 양생법(위의 내용 참조)을 조합해 노인을 도울 수 있지만, 이는 쉬운 일이 아니었다.

노인을 돌보고 그의 건강을 지킨다는 것은 가장 어려운 과제 중 하나다. 이러한 기술을 노인학이라 부른다. 이는 건강과 질병의 중간 상태를 유지하는 것이다. (…) 그러니 〔그것의 명칭이 무엇이든〕 우리는 노인의 신체 상태를 반드시 알아야 하는데, 노인들은 사소한 원인에 의해서도 질병에 걸리지만 마치 병자가 차츰 건강을 회복하듯 예전 상태를 되찾아야 하기 때문이다.

하지만 갈레노스는 3단계에 이르면 자신의 의료기술로도 흙먼지에 이르는 길을 막아낼 순 없다고 넌지시 암시한다. 이 단계에서는 몸과 장기가 말라붙기 때문에 더욱 흙먼지가 연상되었다.

갈레노스는 이 느린 쇠락의 시기가 전적으로 자연스러운 과정이라고 설명했다. 우리는 오늘날에도 여전히 이 과정을 본다.

의사들에 대한 의구심

대 플리니우스는 의료 시장에서 벌어지는 과열 경쟁을 냉소적으로 바라보았다.

확실한 것은 온갖 의사들이 저마다 새 치료법을 들고나와 널리 알리면서 우리 생명을 대가로 명성을 얻고 있다는 사실이다. 이는 환자의 침대맡에서 끔찍한 진단 경쟁을 낳고, 의사들은 실력이 부족해 보일까봐 두려운 마음에 다른 의사들과 협력하지 않는다. 그리하여 저 불행한 비문에 "나는 의사 과다중으로 사망했다"고 적혀 있는 것이다.

플루타르코스는 어느 스파르타 왕의 일화를 전한다. 트라키아인을 어떻게 정복했느냐는 질문에 왕은 이렇게 답했다. '의사를 장군으로, 장군을 의사로 임명했도다.'

노인을 포기하다

모든 의사가 노인의 생존을 돕는 일에 긍정적인 태도를 보인 것은 아니다. 로마 의사 켈수스는 노년기에 약으로 버틸 수 있는 사람은 극소수에 불과하다고 말했다. 어떤 이는 노년이란 치료할 수 있는 것이 아니라면서, 가능한 조치는 모두 취해야겠지만 성공 가능성이 보이지 않는다면 의사는 자신의 평판을 지켜야 한다고 말했다.

당시에 이러한 시각은 흔했다. 의사들 사이에 경쟁이 치열했기 때문에 치료가 실패했다고 알려지면 손실이 컸다. 기원전 5세기에 활동했던 유명한 그리스 의사 히포크라테스도 이 사실을 잘 알았다. 히포크라테스는 의사들에게 치료가 까다로운 다발성 골절 노인 환자가 찾아오면 이렇게 처신하길 권했다.

이런 환자들은 성공 가능성이 거의 없고 위험이 크기 때문에 혹시 수긍할 만한 변명거리가 있다면 진료를 피해야 한다.

노년에 대처하는 자세 I: 디오의 완벽한 하루

체력 단련이 좋은 것이라는 생각은 새로울 게 없다. 하지만 고대에는 체력 단련뿐만 아니라 정신 단련 역시 중요했다. 정신 단련(171쪽 참조)과 적절한 식이요법은 고대 의학의 핵심이었다.

대략 서기 100년의 어느 날 아침 선량한 철학자이자 역사가 디오 크리스토스톰(60세)은 잠을 깨어 계절에 비해 날씨가 유난히 쌀쌀하며 몸 상태가 썩 좋지 않다고 느꼈다. 그는 자리에서 일어나 용변을 보고 기도를 바친 뒤 밖으로 나가 마차를 타고 한 바퀴 돌았다. 그런 다음 산책을 하고 잠시 누웠다가 목욕을 하고 음식을 들었다. 디오는 그리스 비극을 읽으며 하루를 보내기로 결심하고 그리스 영웅 필록테테스의 신화를 골랐다. 기원전 5세기 아테네 비극 작가들인 아이스킬로스, 에우리피데스, 소포클레스의 작품이었다. 독서를 마친 디오는 읽은 내용을 충실히 요약하고 논평했다. 이들 중 소포클레스의 작품밖에 남아 있지 않은 오늘날, 이 요약본은 우리에게 매우 유용한 사료가 되고 있다.

이는 노인이 보낼 수 있는 거의 완벽한 하루였다. 약간의 운동, 목욕, 식사, 그리고 정신 단련.

노년에 대처하는 자세 II: 스푸린나의 낮 일과

소 플리니우스의 가까운 친구 중에 원로원 의원과 집정관을 지낸 티투스 베스트리키우스 스푸린나가 있었다. 플리니우스는 그를 두고 "내가 노년에 가장 본보기로 삼고 싶은 사람"이라고 했다. 그리고 나서 플리니우스는 "행성의 궤도처럼 불변하는" 스푸린나의 일과를 설명했다.

아침에 동이 튼 뒤 한 시간 더 침대에 머문다. 그런 다음 신발을 가져오게 해 5킬로미터 정도를 걸으며 신체와 정신을 단련한다. 친구와 함께 있는 날이면 진지한 주제들을 놓고 대화를 나누며 시간을 보낸다. 그렇지 않은 날은 책을 낭독한다. (⋯) 그러고는 자리에 앉아 낭독이나 (선호하건대) 대화를 좀더 하고, 밖으로 나가 아내(모범적인 여성)나 친구와 함께 마차를 탄다. 11킬로미터쯤 달리고 1.5킬로미터쯤 직접 걸은 뒤, 다시 앉거나 자기 방으로 가서 펜을 들고 라틴어와 그리스어로 명랑하고 유쾌하고 산뜻한 서정시를 짓는다. 목욕 시간이 다가오면 일단 바람 없는 날은 맨몸으로 햇볕을 쬐며 산책한다. 그런 다음 오랜 시간 열심히 공을 던지는데, 이것은 노년과 싸우기 위한 일종의 훈련이다.

노년에 대처하는 자세 II: 스푸린나의 밤 일과

목욕을 마치면 스푸린나는 저녁을 들기 전까지 누워서 다른 사람이 읽어주는 가볍고 유쾌한 책 내용에 귀를 기울인다. 그동안 친구들은 오로지 각자의 선택에 따라 스푸린나와 같은 활동을 하거나 뭐든 자신이 선호하는 다른 일을 한다. 저녁식사 때 종종 희극 공연을 봄으로써 식탁의 즐거움에 문학이라는 양념을 더한다. 심지어 여름에도 식사가 밤까지 오래 이어지지만, 함께하는 사람들의 분위기가 명랑하고 유쾌하여 식사시간이 길다고 느끼는 이는 아무도 없다.

그리하여 그는 지금 일흔여덟 살임에도 청력과 시력이 여전히 좋고 신체 역시 활기차고 기민하니, 그의 나이를 보여주는 징후는 오로지 지혜뿐이다. 이것이 내가 꼭 실천하리라 맹세하고 다짐한 생활양식이다. 나는 퇴각 나팔을 불어야 할 나이에 이르자마자 이 생활양식을 열과 성을 다해 내 것으로 만들리라.

두 가지 사례 모두 로마 지배계층 은퇴자의 생활을 묘사한다. 오늘날의 은퇴자들 역시 선망할 만한 생활이다. 하지만 가련한 플리니우스에게는 운이 따르지 않았으니, 그는 50대 초반에 세상을 떠났다.

여자들의 운동?

고대 사료에 여자들의 운동에 관한 기록은 많지 않다. 그럼에도 군인 겸 철학자 크세노폰은 훌륭한 남편이 어떻게 젊은 아내에게 집안 살림을 가르쳐야 하는지 친절하게 설명한 글에서 많은 현대 여성이 흥미로워할 만한 조언을 남겼다.

노예처럼 방적기 앞에 앉아 있지 말고 (…) 되도록 서 있어야 한다. (…) 제빵사를 감독하고 (…) 가정부가 곡식을 잴 때 옆에 서 있으며, 세간이 다 제자리에 있는지 확인하며 돌아다녀야 한다. 이렇게 하면 가사와 걷기를 병행할 수 있지 않겠는가. 밀가루를 섞고 반죽하는 일은 훌륭한 운동이다. 옷과 침구를 털어서 개는 일도 그렇다. (…) 이렇게 하면 음식을 더 맛있게 먹을 수 있으니 건강이 증진되며 안색이 개선될 것이다.

제 5 장

죽음에 직면하다

죽음의 예행연습

세네카는 죽음을 중요한 전환의 순간으로 보았다. 그러니 당연히 파쿠비우스 같은 익살꾼과 보낼 시간은 없었다. 시리아 총독을 지낸 파쿠비우스는 주기적으로 **자기 자신**을 기리는 매장제물의식을 치렀는데, 이 의식에는 포도주가 곁들여졌고 매번 장례식 연회도 열렸다. 연회가 끝나고 그가 만찬장에서 자기 방으로 옮겨지는 동안 그의 곁에서는 거세된 하인들이 박수를 치며 악기 반주에 맞춰 그리스어로 합창했다. "그는 생을 다했다! 그는 생을 다했다!"

죽음을 조롱하다

페트로니우스는 네로황제의 자결 명령에(120쪽을 보면 훗날 세네카도 같은 명령을 받는다) 자기만의 방식으로 대처했다고 역사가 타키투스는 전한다. 쾌락주의자 페트로니우스가 황제의 측근이 된 것은 네로가 그를 '세련됨'의 전형으로 생각했기 때문이었다. 페트로니우스가 어떤 것을 멋있고 우아하다고 평하면 그것은 멋있고 우아한 것이 되었다. 결국 페트로니우스는 그를 질시한 인물에게 반역자로 몰려 체포되었다.

앞일을 예견한 페트로니우스는 바로 손목을 그었다. 그는 천으로 상처를 둘둘 감고 친구들과 밝게 담소를 나누었다. 페트로니우스에게 스토아주의자의 결연함 같은 것은 없었다고 타키투스는 말한다. 영혼의 불멸성을 주제로 거창한 대화를 나누기보다는(140~143쪽 참조), 가벼운 시와 밝은 노래 가사를 읊조리는 친구들의 음성에 귀를 기울였다. 그러고는 만찬장으로 가서 꾸벅꾸벅 졸며 천천히 생을 마감했다.

페트로니우스의 유언장이 공개되었을 때, 평소 그가 네로와 궁정 인사들에게 바치던 아첨은 거기에서 전혀 찾아볼 수 없었다. 도리어 네로가 잠자리를 함께한 이들의 이름이 남녀 불문 모조리 적혀 있었고 그들이 즐겼던 기발한 도착적 성행위도 낱낱이 나열되어 있었다.

키케로가 본 검투사

어떻게 죽을 것인가의 문제에서 검투사들은 흔히 좋은 모범으로 여겨졌다. 키케로는 이 논의를 다음과 같이 확장시켰다.

검투사들은 절박한 사람이거나 야만인이거나 둘 중 하나다—그들이 견뎌내는 고통이란! (…) 그들은 상처를 입고 쓰러졌을 때 관중, 즉 그들의 주인이 자신에게 무엇을 요구하는지 알고자 한다. 관중이 만족하지 않았다면 그들은 기꺼이 누워 죽음을 맞는다. 평범한 실력의 검투사라도 결투장에 서서, 심지어는 쓰러지면서도 불평하거나 표정을 바꾸거나 겁쟁이처럼 구는 것을 본 적이 있는가? 결투에서 패배해 명령이 내려졌을 때 그가 목을 내놓길 거부하던가? 이것은 훈련과 숙고와 습관의 힘이 충분해야 가능한 일이다.

키케로는 기원전 43년에 피살되었다. 과연 그때 그가 검투사 같은 영웅적 태도를 보였는가는 논란의 여지가 있다. 키케로는 내리려던 마차 밖으로 몸을 내밀더니 살인자들에게 자진해서 목을 내놓으며 이렇게 말했다.

이리 오게, 군인 양반. 자네가 하려는 짓은 매우 부적절하지만, 내 목을 치려거든 적어도 제대로 하게나.

하지만 다른 사람들이 검투사들로부터 이끌어낸 교훈은 사뭇 달랐다.

모범을 세우다

세네카는 때가 왔을 때 죽음을 준비하는 문제에 관해 길게 쓴 편지에서 우리가 모두 소 카토처럼 죽을 수(143쪽 참조)는 없다고 주장했다. 나아가 그는 검투사들이 결투장에서 보이는 태도가 과연 영웅적 모범인지 의구심을 드러냈다. 검투사들은 죽음에 순응하며 때가 왔을 때 죽음을 받아들이긴 하지만, 영감을 주기보다는 보는 이를 타락시킨다는 게 그의 생각이었다.

하지만 세네카는 다소 특이하게도 "바라는 대로 죽을 수 없고 죽음의 도구를 마음대로 고를 수도 없는 상황에서, 보이는 대로 아무거나 집어 본래 전혀 무해한 물건을 순전히 결단력만으로 무기로 바꾼" 사람들에게서 미덕을 발견했다. 세네카는 세 명의 검투사를 예로 들었다.

변소에서의 죽음

짐승과 싸우는 검투사를 양성하는 훈련소에 새로 들어온 한 게르만족이 아침 결투를 준비하고 있었다. 그는 잠시 자리를 피해 용변을 보러 갔다. 보초의 감시 없이 할 수 있는 유일한 일이었다. 거기서 그는 뒤를 닦을 때 쓰는 해면(海綿) 달린 막대기를 보았고 이것을 자기 목구멍 끝까지 밀어넣어 기도 폐색으로 질

식사했다. 이것이야말로 죽음을 비웃는 확실한 방법이 아닐까! 물론 죽음에 이르는 대단히 우아하고 고상한 방법은 아니다. 하지만 죽는 문제에 관해 까다롭게 구는 것만큼 어리석은 짓이 또 있을까?

바큇살 사이의 죽음

이제 막 검투사가 된 한 남자가 다른 죄수들과 함께 아침 결투를 위해 수레에 올랐다. 그는 마치 깊은 잠에 빠진 것처럼 고개를 꾸벅거렸다. 하지만 그는 일부러 머리를 바깥으로 내밀어 수레의 바큇살 사이에 끼우고 그대로 있었고, 바퀴가 돌자 목이 부러졌다. 그렇게 그는 자신을 처벌 장소로 실어가려던 바로 그 수레를 이용해 삶에서 달아났다.

단말마

모의 해상전투 두번째 경기에 투입된 야만인 하나가 적을 찌르라고 받은 창을 자기 목에 쑤셔박으며 외쳤다. '이렇게 웃음거리가 된 고통을 어찌 피하고 싶지 않겠는가? 무기가 생긴 지금, 어찌 죽음을 기다리고만 있겠는가?'

세네카에 따르면 이들은 죽음이 살인보다 명예로움을 알았다. 세네카는 절망한 범죄자들의 내면에 이런 결기가 있다면, 죽음을 직시하려고 이성과 철학적 숙고로 스스로를 훈련시켜온 사람들 역시 응당 그럴 것이라고 논평했다.

세네카의 죽음

세네카는 막상 죽을 때가 닥치면 세상의 모든 철학 담론과 언설은 무의미해진다고 스스로 인정하면서 이때 사람의 본모습이 드러난다고 말했다. 세네카에게 진실의 순간은 네로가 자결을 명령하면서 찾아왔다. 세네카는 유언장 수정을 요청했는데 짐작컨대 추가조항을 덧붙이려 했던 것 같다. 이 첫번째 요청은 거부되었다. 세네카는 네로가 유언장을 무효화할 작정(125쪽 참조)임을 눈치챘고, 진정한 소크라테스적 방식(133쪽부터 참조)으로 친구들을 위로했다. 타키투스의 기록에 따르면 세네카는 최소한 자신이 "자네들이 기억만 한다면 고결하다는 평판과 변함없는 우정을 가져다줄 생활양식을" 그들에게 남길 수 있었다며, 눈물을 보이는 친구들을 나무랐다.

그는 재차 물었다. "자네들의 철학 원칙은 어디로 갔나? 수고롭게 긴 시간을 공부하며 미래의 악에 대비한 까닭이 무엇인가? 네로의 잔인함을 몰랐던 이가 있는가? 그는 자기 어머니와 형제를 죽였네. 이제 남은 일은 자기 후견인과 교사〔바로 세네카였다〕에게 똑같은 짓을 하는 것뿐이지."

그러고서 그는 아내를 안으며 부디 자신을 따라서 죽지 말라고 당부했다. 아내가 거부하자 두 사람은 함께 손목을 그었다. 피가 너무 천천히 흘러나온 탓에 세네카는 다리와 무릎 동맥까지 끊었다. 자신이 고통스러워하는 모습에 아내의 결단이 약해지고 그런 아내 때문에 자신의 결단까지 흔들릴까봐 두려웠던 그는 아내를 다른 방으로 보냈다. 그런 다음 비서들을 불러 글을 구술했다. 여전히 숨이 끊이지 않자 헴록(137쪽 참조)까지 마셨지만 이것도 별 효과가 없었다. 마침내 그는 김이 피어오르는 욕조로 옮겨졌고 거기서 최후를 맞았다.

그러니 세네카는 죽음과의 궁극적인 대면에서 자기 명성에 걸맞은 모습을 보였다고 할 수 있겠다.

죽음을 관람하다

로마 의사 섹스투스 엠피리쿠스는 이렇게 말했다.

끔찍한 일을 상상하는 것은 그 일을 실제로 겪는 것보다 더 불쾌할 때가 많다. 예를 들어 수술이나 다른 비슷한 일을 치르는 사람은 그것을 견딜 수 있는 반면, 옆에서 지켜보는 사람은 그저 눈앞의 일을 생각하는 것만으로 정신을 잃곤 한다.

앞서 소개한 세네카의 사례를 보고 짐작할 수 있듯이, 죽음은 살아 있는 자보다 죽어가는 자에게 받아들이기 더 쉬운 것인지 모른다.

배역을 연기하다

인생을 무대로 보는 생각은 고대에 흔했다. 고대인은 사람이 일생 동안 수많은 가면을 쓰고 벗을 수 있다고 여겼다. 사람을 뜻하는 영어 단어 person이 '무대 가면, 극중 인물'을 뜻하는 라틴어 단어 *persona*에서 유래했다는 사실은 절대 우연이 아니다.

세네카 역시 이 관점에 동의했다. 세네카는 우리 대부분이 인생을 살면서 수차례 가면을 바꾸며 오로지 현자들만이 자기 자신의 배역을, 그러니까 자신에게 맞게 설계되었거나 스스로 적응한 배역만을 연기한다고 강조했다.

인생에서 이야기 못지않게 중요한 것은 그 이야기가 어떻게 연기되느냐다. 어디에서 멈추든 상관없다. 멈추고 싶은 데서 멈추되 다만 좋은 결말을 붙여라.

여기에 핵심이 있었다. 사람은 일생 동안 한 편의 연극을 상연하며 죽음은 이 연극의 일부분에 지나지 않는다는 것. 하지만 아무리 좋은 연극이라 해도 자칫 결말이 전체를 망칠 수 있다. 사람도 마찬가지였다. 사람은 "자기 자신의 관객이 되어"야 하며(세네카) 자신이 선택한 배역에 걸맞게 살기 위해—그리고 죽기 위해—노력해야 했다(130쪽 참조).

세네카가 강조한 점은 죽음의 순간이란 미리 연습할 수 없다는 것이다. 우리에게 주어지는 기회는 한 번이 전부고, 좋은 죽음은 우리가 인생을 어떻게 사느냐에 달려 있었다. 임종을 앞둔 아우구스투스황제는 주변에 모인 사람들에게 인생이라는 희극에서 맡은 배역을 잘 연기해낸 자신에게 박수를 보내달라고 부탁했다.

자살: 시기적절한 결말

스토아주의자였던 세네카는 적합한 상황이라면 자살은 훌륭한 선택이라고 보았다. 따라서 그는 삶을 끝마칠 '알맞은' 시기를 종종 궁리해보았다. 이 주제에 관해 세네카가 길고 자세하게 쓴 글을 소개한다. 이 글에서는 막상 때가 와도 몸을 가누지 못해 실행에 옮기지 못하는 경우까지 다루고 있다.

검소한 생활은 사람을 노년까지 살게 할 수 있다. 내가 생각하기에 사람들은 이제 노년을 거부하기는커녕 오히려 간절히 바라는 것 같다. 자기 자신을 유쾌한 벗으로 만들었다면 혼자 있는 시간은 길수록 좋다.

따라서 우리가 꼭 판단을 내려야 할 문제는 이것이다. 우리는 노년의 마지막 시기를 수치스럽게 여겨야 하는가? 그리하여 그것이 찾아오기를 기다리지 말고 스스로 끝내야 하는가? (…) 하지만 이 질문 또한 던져보아야 한다. 인생의 끝은 찌

꺼기에 지나지 않을까? 혹은 만일 정신이 온전하고 감각이 아직 말짱하여 영혼을 도우며 신체가 쇠했거나 죽지 않았음을 전제한다면, 인생의 끝은 그 어느 때보다 명료하고 순수한 시기일까? 그가 연장하고 있는 것이 삶인지 죽음인지에는 크나큰 차이가 있기 때문이다.

그러나 신체가 제 기능을 못한다면 분투하는 영혼을 풀어줌이 옳지 않을까? 아무래도 빚이 만기에 도달하기 조금 앞서 결행하는 편이 좋을 것이다. 만일 이미 만기에 도달했다면 생각을 행동에 옮기지 못할 수도 있을 테니까. 일찍 죽는 것보다 비참하게 사는 것이 훨씬 더 위험하다는 점을 고려하면, 조금의 시간을 판돈으로 걸어 큰 이득을 기대할 수 있는 것이니 이를 거부하는 건 어리석은 짓이다. 장수를 누리고 죽기 직전까지도 정신이 온전한 사람은 아주 드물기 때문에 많은 사람들이 말년을 무기력하게 가만히 누워서 보낸다. 그렇다면 인생의 일부분을 상실하는 것이 인생을 직접 끝낼 권리를 상실하는 것보다 얼마나 더 잔인한 일이 될 수 있겠는가?

자살: 규칙의 유리한 이용

역사가 타키투스와 수에토니우스는 국가 통치의 심장부에서 일했다. 따라서 황제로부터 자결 명령을 받은 사람들의 사연을 속속들이 잘 알았다. 그런 사람들이 마주한 문제는 바로 이것이었다. 이 나쁜 일을 어떻게 해야 최대한 좋게 처리할까?

한 가지 답은 신속히 죽는 것이었다. 두 가지 이유에서였는데, 둘 다 사법적 사형선고 절차와 관련 있었다. 첫번째는 사형 집행자의 손에 죽는 것을 피하기 위해서였다. 두번째는 일단 사법적 사형선고가 내려지면 장례를 치를 권리를 박탈당하고 재산이 몰수되기 때문이었다. 하지만 황제의 변덕으로 촉발된 사법적 사형선고가 온전히 효력을 발하기 전에 움직인다면 장례를 치를 수 있고 유언장 역시 인정받았다.

자살: 우위에 서는 방법

기원전 49년 로마에서는 어마어마한 규모의 내전이 발발했고, 폼페이우스를 물리친 율리우스 카이사르가 사실상 로마의 첫 황제 자리에 등극했다(140쪽). 내전 초기에 카이사르는 협력자 두 명에게 새로운 대응 방식을 제안했다. 잔인한 대응은 효과가 없으니 "자비와 너그러움을 수단으로 우리의 세력을 강화하는 것을 새로운 정복 방식으로 삼자"고 쓴 것이다. 이어서 그는 이미 폼페이우스의 수뇌부 인사 셋을 붙잡았다가 풀어주었다고 전했다.

그들은 내게 감사 인사를 하고 싶다면 폼페이우스를 찾아가 설득해야 할 걸세. 우리의 가장 사나운 숙적들말고 나와 친구가 되겠다는 의사를 보이라고 말이야. 공화국이 이처럼 비참한 지경에 처한 것은 바로 이 숙적들의 모략 때문이니까.

이는 언뜻 굉장히 고결한 태도로 비치겠지만, 사실 적에게 자비를 보이는 것은 자기의 우월성을 배가하는 행동이었다. 세네카는 이 주제를 논하며 이렇게 말했다.

누군가의 목숨을 살려주는 것은 자신이 그 사람보다 위대함을 증명하는 행동이다.

이런 관점에서 볼 때 적이 목숨을 살려주겠다고 밝힌 상황에서 자살을 감행하는 것은 적의 '자비'를 그의 면전에 내팽개치는 행동인 셈이다. 전기 작가 플루타르코스는 카이사르의 정적 소 카토가 정확히 이 이유에서 자살을 감행했다고 보았다 (140~141쪽, 143~144쪽).

침묵을 거부하다

황제에게 등돌리는 방법 하나는 유언장에 그에 관한 악담을 남기는 것이었다(116쪽 참조). 다른 방법은 황제의 결정에 반발해 태도를 돌변하지 않고 마지막까지 본연의 모습을 지키는 것이었다.

헬비디우스 프리스쿠스를 보자. 열렬한 스토아주의자였던 그는 원로원 독립 문제를 두고 베스파시아누스황제와 자주 격론을 벌였다. 어느 날 베스파시아누스황제가 그에게 회의에 참석하지 말라고 명령한 후 이러한 대화가 오갔다고 전해진다.

> 헬비디우스: 제가 원로원 회의에 참석하느냐 마느냐는 폐하께 달렸습니다. 하지만 제가 원로원 의원인 동안 회의 참석은 제 의무입니다.
>
> 베스파시아누스: 좋소. 그러면 참석은 하되 아무 말도 하지 마시오.
>
> 헬비디우스: 제게 의견을 청하지 마십시오. 그러면 침묵하겠습니다.
>
> 베스파시아누스: 하지만 당신에게 의견을 청하는 것은 내 의무요.
>
> 헬비디우스: 그리고 제 의무는 솔직한 답변을 드리는 것이지요.
>
> 베스파시아누스: 하지만 만일 당신이 발언하면 나는 당신을 사형시키겠소.
>
> 헬비디우스: 제가 언제 폐하께 저는 죽지 않는다고 했습니까? 폐하께서는 폐하의 역할을 하시고 저는 제 역할을 해야겠지요. 폐하의 역할이 저를 사형시키는 것이라면 제 역할은 두려움 없이 죽는 것입니다. 폐하의 역할이 저를 추방하는 것이라면 제 역할은 서러움 없이 떠나는 것입니다.

항의로서의 자살

티베리우스는 로마의 첫번째 황제 아우구스투스의 자리를 이어받았다. 역사가 크레무티우스 코르두스는 티베리우스황제 재위 기간에 율리우스 카이사르 암살 주도자들인 브루투스와 카시우스를 최후이자 최고의 로마인들로 치켜세우는 작품을 썼다. 편집증에 불안증까지 있었던 티베리우스는 이 일을 알고 펄쩍 뛰었다. 아우구스투스는 율리우스 카이사르의 후계자였다. 카이사르를 암살한 자들이 어찌 "최후이자 최고의 로마인들"일 수 있는가? 티베리우스는 코르두스를 반역죄로 고발했다.

코르두스는 카이사르와 아우구스투스 두 사람 모두 자기들을 모욕한 로마인들을 존중했으며, 이와 똑같은 방식으로 아우구스투스도 브루투스와 카시우스를 존중했다고 강조했다. 코르두스는 이러한 요지의 발언을 좀더 이어간 후 이렇게 말을 맺었다.

후대 사람들은 각각의 인물에게 합당한 평가를 내립니다. 만일 제게 처벌이 내려진다면 훗날 적지 않은 사람들이 카시우스와 브루투스를 기억하는 만큼이나 저를 기억할 것입니다.

자신이 유죄판결을 받을 것임을 알고 있던 코르두스는 집으로 걸어가 자살을 결행했다.

이 사건을 기록한 역사가 타키투스는, 원로원이 코르두스의

책을 불태우라고 명령했지만 사본이 남아 훗날 출판되었다고
언급하면서 다음과 같이 논평했다.

그러니 우리는 후대의 기억이 오늘날의 폭군들에 의해 삭제
될 수 있다고 상상하는 자들의 지적 허약함을 더욱더 조롱해
야 한다.

제6장

모범적인 죽음과 수치스러운 죽음

죽음을 무대에 올리다

진정한 로마인이라면 성별을 불문하고 어떻게 사느냐 못지 않게 어떻게 죽느냐가 중요했다. 죽음은 자신이 그동안 어떤 사람이었는지 세상에 보여줄 마지막 기회이자(122~123쪽) 자신의 진정한 모습이 담긴 미니어처이며, 인생이라는 연극에서 그가 맡은 역할의 인상적인 클라이맥스였다. 이제 여기에 유명한 영웅적인―그리고 비(非)영웅적인―사례들을 소개한다.

첫번째는 그리스 철학자 소크라테스다. 많은 로마인들이 소크라테스의 죽음을 귀감으로 삼았다. 다음 사례로 대 카토의 증손자이자 가장 유명한 '전형적 로마인'인 소 카토도 같은 경우다. 그다음에는 반대되는 사례인 네로황제가 등장한다.

여자들도 똑같이 영웅적인 죽음을 보여주었다. 따라서 루크레티아와 아리아가 다음 차례에 나오고, 다음 등장인물은 의외의 히로인인 노예 출신 반역자 에피카리스다. 마지막으로 과감히 '남자다운' 죽음을 맞은 네로의 어머니 아그리피나, 그리고 그녀와 대척점을 이루는 클라우디우스황제의 세번째 아내 메살리나가 이 장의 대미를 장식한다.

소크라테스

소크라테스, 거리의 사내

땅딸막한 체구, 퉁방울눈, 두툼한 입술, 들창코에 직업은 석공이었던 소크라테스(기원전 469~399년)는 아테네에서 괴짜로 소문나 있었다. 소크라테스는 온종일 질문을 하며 시간을 보내는 듯했다. 그는 물었다. 무엇이 선인가, 그것이 선인지 어떻게 아는가. 소크라테스는 비유를 사용해 논지를 폈다. 어떤 신발이 좋은 신발인지, 그리고 좋은 신발을 만들려면 어떻게 해야 하는지는 신발 만드는 사람이 안다. 그렇다면 어떤 사람이 좋은 사람인지, 그리고 좋은 사람을 만들려면—또 좋은 사람이 되려면—어떻게 해야 하는지는 누가 알겠는가? 플라톤이 말하길, 그의 친구 카이레폰이 델포이 신전에 가서 이 세상에 소크라테스보다 현명한 사람이 있는지 물었다고 한다. 신탁의 답은 '없다'였다.

소크라테스는 이 말을 전해듣고 어리둥절해했다. 그는 신탁이 틀렸음을 입증하기 위해 중요하고 현명해 보이는 사람들을 여럿 찾아가 질문을 던짐으로써 그들의 지혜를 시험해보았다. 그런데 알고 보니 그들은 전혀 현명하지 않았다. 이 "일련의[헤라클레스적] 과업"을 완수한 결과 소크라테스는 자신이 그 누구보다 현명함을 인정할 수밖에 없다고 말했다. 하지만 그 이유는 소크라테스가 질문한 사람들이 스스로 현명하다고 **여기는** 데 반해 그 자신은 스스로 현명하지 **않음**을 아는 데 있었다. 소크라테스는 자신의 이 말 때문에 사람들이 그를 몹시 싫어하게 되었다고 했다. 이유는 두 가지였다. 자기가 똑똑하다고 믿는 사람은 남에게 바보로 보이길 싫어하며, 젊은 사람들이 소크라테스가 그들보다 나이 많고 잘난 사람들을 웃음거리로 만드는 걸 보면서 좋아했기 때문이었다.

어느 고대 그리스인도 망신당하는 걸 좋아하진 않았다. 하물며 그 상대가 오만하고 젠체하는 인물이었다면 어떠했으랴. 더군다나 그를 비웃는 사람들이 한낱 석공에 지나지 않는 땅딸막이 괴짜 소크라테스와 그의 거슬리는 추종자 젊은이들이었다면. 소크라테스는 신들을 비롯해 어느 것에든 비전통적인 관점을 부추기는 것처럼 보였고, 그리하여 어쩌면 당연하게도 일부 아테네인들이 그를 해치려고 나섰다. 특히나 이때는 아테네가 스파르타를 상대로 벌인 근 30년간의 전쟁에서 패배했을 때였다. 누군가는 이 일에 책임을 져야 한다는 분위기가 일부 아테네인들 사이에서 형성되었을지도 모른다.

피고석의 소크라테스

기원전 399년 소크라테스는 법정으로 불려갔다. 그가 받은 혐의는 다음과 같았다. "소크라테스는 국가가 인정한 신들을 인정하길 거부하고 새로운 신을 소개했다. 또한 젊은이들을 타락시켰다. 이에 사형을 구형한다." 소크라테스는 구형대로의 선고를 받았다. 국사범 감옥에 수감되어, 그에게 헌신적이었던 제자 플라톤이 간단히 '물약'(그리스어로 파르마콘*pharmakon*)이라고 기록한 즙을 마심으로써 처형되었다.

소크라테스의 두려움 없는 자세

플라톤의 기록에 따르면 소크라테스는 변론을 하면서 죽음이 두렵지 않다고 강조했다.

죽음을 두려워하는 것은 실제로 현명하지 않은 사람이 스스로 현명하다고 생각하는 한 가지 예에 불과합니다. 왜냐하면 그 자신이 모르는 것을 안다고 생각하는 셈이기 때문입니다. 사실 아무도 몰라서 그렇지 죽음은 사람에게 좋은 것들 중에서 가장 좋은 것인지도 모릅니다. 그런데도 사람들은 마치 죽음이 가장 큰 악임을 잘 안다는 듯이 죽음을 두려워합니다. (…)

아마 이 점이 제가 나머지 사람들과 다른 부분일 것입니다. 그리고 제가 남보다 현명하다고 주장할 수 있다면 바로 이 점에서입니다. 저는 하데스에서의 일들을 다 알지 못하고, 그런 저의 무지함을 압니다.

하지만 저는 잘못된 행동을 하는 것, 그리고 신이든 인간이든 자기보다 나은 이에게 복종하지 않는 것 두 가지 모두 악하고 저열한 행동임을 압니다. 그러므로 저는 결코 좋은 것일지도 모르는 어떤 것을 두려워하거나 그로부터 도망치지 않겠습니다. 그보다는 악하다는 사실을 아는 악으로부터 도망치겠습니다.

소크라테스는 변론을 마치며 죽음은 잠 혹은 이주 둘 중 하나라고 주장했다. 그는 이 둘의 장점을 설명하고 이렇게 결론지었다.

그리고 나의 벗들이여, 여러분 역시 희망 속에 죽음을 맞아야 합니다. 이 한 가지 진실을 확실히 받아들이십시오. 선한 사람에게는 살아서든 죽어서든 악한 일이 벌어질 수 없으며, 신들은 그의 운명을 잊어버리지 않습니다. (…)
이제는 우리가 각자의 길을 갈 때가 되었습니다. 나는 죽음으로 여러분은 삶으로. 그러나 우리 중 누가 더 좋은 운명을 향해 가는지는 오로지 신만이 압니다.

소크라테스의 마지막날

플라톤(몸이 아파서 불참했다)이 기록한 바에 따르면, 소크라테스의 마지막날 그와 친구들은 영혼의 불멸성을 주제로 오랫동안 즐겁게 토론했다. 마지막에 소크라테스는 사후세계의 본질(제9장 참조)에 관한 자기 생각을 밝히지만, 이 생각을 입증할 순 없다는 데 동의한다.

이어 소크라테스는 친구 크리톤만 데리고 다른 방으로 자리를 옮겼다. 거기서 목욕을 하여 몸을 정화했는데, 이는 (그가 직접 밝혔듯) 자신이 죽은 뒤 여자들의 수고를 줄여주기 위해서였다(정화된 육체만 장례를 치를 수 있었다). 소크라테스의 세 자식과 "집안 여자들"(아마도 가족이나 친척이었을 것이다)은 "그와 함께 긴 시간"을 보내며 작별의 인사를 하고 해 지기 직전에 떠났다.

그러고 나서 간수가 들어와 형을 집행할 때가 되었으니 물약을 마시라고 말했다. 간수는 소크라테스가 가장 "고결하고 용기 있으며 다정한" 사람임을 인정하고는 소크라테스에게 작별인사를 하고 울면서 나갔다. 소크라테스는 간수를 일컬어 참으로 멋진 사람이다, 참으로 친절하다고 평하더니 물약을 갖다달라고 부탁했다. 크리톤은 형 집행을 앞둔 대부분의 사람들처럼 해가 완전히 질 때까지 기다리자고 제안했지만, 소크라테스는 "삶이 내게 줄 수 있는 것이 전혀 남지 않은 지금 삶에 매달리는 것은 나 자신을 우스꽝스럽게 만들 뿐"이라며 거절했다. 그리하여 크리톤은 옆에 서 있는 노예에게 물약을 가져오도록 시켰다.

최후의 순간

소크라테스는 어떻게 해야 하느냐고 물었다. 노예는 물약을 마시고 조금 걷다가 다리가 무겁게 느껴지면 누우라고 말했다. 소크라테스는 "눈썹 아래로 조금도 위축되지 않은 황소 같은 시선을 던지며 표정 변화 없이" 경쾌하게 잔을 받아들더니 일단 신들에게 헌주를 해도 되느냐고 물었다(헌주는 술이 곁들여지는 연회에서 흔한 풍습이었다! 소크라테스식 반어법의 좋은 예라 하겠다). 노예는 정량만 준비되었다고 답했다. 그리하여 소크라테스는 다음 세상으로의 성공적인 여행을 기원하고 단숨에 잔을 비웠다.

이 모습에 함께 있던 사람들이 전부 울음을 터뜨렸다. 소크라테스는 올바르게 처신하라고 나무랐다. 소크라테스가 여자들을 방에서 내보낸 건 이 이유에서였으니, 그는 마지막 시간을 경건한 침묵 속에 보내고 싶었던 것이다. 소크라테스는 지시대로 조금 걷다 자리에 누웠다. 노예가 그의 발을 꼬집었다. 소크라테스는 아무 느낌이 없다고 말했다. 다리를 꼬집어도 마찬가지였으니 이제 다리도 마비된 것이었다. 마비가 심장에 미치면 죽을 거라고 노예가 말했다.

마비가 허리에까지 미치자 소크라테스는 가렸던 얼굴을 드러내고 마지막 유언을 남겼다. "크리톤, 아스클레피오스께 수탉 한 마리를 바쳐야 해. 잊지 말고 꼭 바쳐주게." 크리톤은 그리하겠다고 단단히 약속했다. (…) 잠시 후 소크라테스가 몸을 들썩였다. 노예가 덮개를 들추니 눈에 움직임이 없었다. 이를 본 크리톤은 눈을 감기고 입을 닫아주었다.

이렇게 (…) 우리의 친구는 죽음을 맞았다. 우리는 늘 말할 것이다, 그는 가장 용감한 자였으며 당시 우리가 알던 모든 사람들 중에 가장 현명하고 공정한 자였다고.

아스클레피오스에게 바치는 제물

당시 사람들은 아플 때 치유의 신 아스클레피오스 신전을 찾아가 그의 성역에서 잠을 청하며 치유되어 깨어나길 소망했다. 소크라테스는 예전에 아팠다가 치유되었는데 깜빡 잊고 약속한 제물을 바치지 않았던 걸까? 아니면 이날 아파서 죽음의 순간 함께하지 못한 플라톤에 관해 재담을 한 것이며 제물을 바쳐 그가 낫도록 돕고 싶었던 걸까? 아무도 모른다.

물약

소크라테스를 죽음에 이르게 한 물약은 독초 코늄(학명 *Conium maculatum*[영어로 헴록—옮긴이])을 찧어서 거른 즙이었다. 체내에 들어가면 말초신경계를 공격하며, 소량—잎

사귀 7~8장—만으로도 호흡기에 근육 마비를 일으켜 사망을 초래한다. 뇌에 산소가 고갈되면서 심장마비를 일으키는 것이다. 플라톤이 기록한 사건의 순서—노예의 안내부터 소크라테스의 사망까지—는 이 독극물이 일으키는 효과와 일치한다.

소 카토

조상과의 연계

대 카토(기원전 234~149년)는 증손자 소 카토에게 매우 중요한 인물이었다. 대 카토는 초기의 '위대한 옛 로마인'으로서 로마의 전통과 가치관을 열성적으로 따랐고 모든 비(非)로마적인 것(특히 그리스인들)을 의심했으며 금욕적이고 청렴했다.

엄격한 절제를 좌우명으로 삼았던 대 카토는 가족을 생활의 중심에 두고 혹독히 다스렸다. 술을 마시지 않고 소박하고 검약한 농부의 삶을 살며 수수한 옷차림을 유지했고, 전장에서는 냉혈한 군인이었다. 탁월한 웅변가이자 변호인이었으며 영향력 있는 정치가였던 대 카토가 활동한 시기는, 이탈리아의 주인이 된 로마가 한니발의 카르타고를 기원전 202년에 마침내 패배시키고 지중해 너머로 세력을 확장하던 때였다. 대 카토는 카르타고의 궁극적인 파괴를 끊임없이 주장했으며('카르타고는 파괴되어야 한다*Delenda est Carthago!*') 이 주장은 기원전 146년 실현되었다. 역사가 리비우스는 대 카토에 관해 이렇게 말했다.

의문의 여지 없이 엄격한 성격이었고 매서운 혀는 지나치리만치 거리낌없었지만, 육구에 굴복되지 않는 영혼과 흔들림 없는 고결함을 지녔고 부와 권력을 경멸했다. 고된 노동과 위험을 견디는 금욕적인 생활을 실천하며 흡사 강철 같은 신체와 정신을 지니게 되었고, 모든 것을 쇠하게 하는 노년도 그의 정신만큼은 무너뜨리지 못했다.

달라진 세상

소 카토(기원전 95~46년)는 증조부의 성격을 많이 닮았고 동일한 가치를 옹호했다. 타협을 모르고 성미가 거칠었으며 옛 행동방식을 고수했다. 북아프리카(고대 국가 누미디아—옮긴이)의 왕 유구르타가 표현하기를 "돈이면 무엇이든 살 수 있는 로마"에서 소 카토가 보인 청렴함은 가히 전설적이었다.

하지만 소 카토는 그의 유명한 증조부와 전혀 다른 시대에 살았다. 기원전 509년 이래 로마 공화국은 국가의 주요 공직(집정관, 법무관 등)을 맡는 원로원 귀족층의 성공적인 협치로(로마인들은 그렇게 믿고 싶어했다) 다스려졌으며, 인민은 정치적 성격을 띤 민회에서 투표하고 시민군으로 전쟁에 참여했다.

하지만 이러한 조화는 기원전 49년 율리우스 카이사르와 폼페이우스 간의 내전으로 무너졌다. 이 충돌 사태에서 카토는 카이사르의 끈질기고 맹렬한 정적이었다.

내전

기원전 48년 카이사르가 폼페이우스를 물리쳤다. 폼페이우스는 잠시 이집트로 달아나 몸을 피하려 했지만 뭍에 오르자마자 해변에서 살해되었다. 그럼에도 폼페이우스 쪽 군대는 싸움을 멈추지 않았고, 카토와 메텔루스 스키피오는 15개 대대를 북아프리카 우티카로 이동시켜 '압제자' 카이사르에 맞서 전투를 이어갔다.

기원전 46년 2월 카이사르의 군대는 메텔루스 스키피오를 무찔렀다. 카토는 (집정관을 지내지 않은) 자신이 스키피오보다 높은 서열을 맡을 수 없다며 전투에 참여하지 않은 터였다. 그 대신 우티카가 카이사르에게 넘어가지 않도록 도시를 책임지고 방어하는 역할을 맡고 있었다. 패색이 짙어지자 그는 우티카 사람들을 탈출시켰다.

카토의 마지막날

탈출이 완료되면 누군가 카이사르에게 가서 카토를 위해 탄원해야 한다는 주장이 제기됐다. 카토는 이 주장을 전혀 받아들이지 않았다.

만일 내가 카이사르의 은혜로 목숨을 지키길 바란다면 나 혼자 그를 찾아가야 하오. 하지만 나는 그 압제자가 저지른 범

죄를 봐주는 대가로 그자에게 뭔가를 빚지고 싶은 마음이 추호도 없소. 참으로 그는 범죄자와 다를 바 없는 행동을 보이고 있소. 사실은 전혀 그렇지 않은데도 마치 자기한테 누구〔예를 들어 나 말이오〕를 죽이거나 살릴 권한이 있는 듯 굴고 있지 않소.

이 말에 나타난 정서만으로 우리는 이미 카토의 결심을 엿볼 수 있다.

한편 스타틸리우스라는 젊은이는 다른 사람들과 떠나라는 카토의 충고를 거절하고 "카토와 같이 행동"하길 바랐다. 카토는 자신의 두 철학자 친구에게 "그자를 지나친 자만심으로부터 구해 자신에게 가장 이로운 행동을 취하게 하라"고 지시했다. 그날 저녁 만찬을 들기 전에 목욕을 하던 카토가 스타틸리우스는 떠났느냐고 물었다. 대답은 '아니요'였다. "그는 여전히 고결하고 굳은 마음을 품고 있으며 여기 남아 무조건 당신을 따르겠다고 한다"는 것이었다. 이 말에 카토는 미소를 지으며 이렇게 답했다. "흠, 두고 보면 알겠지." 그러고 나서 카토와 그의 벗들과 우티카시 관리들은 만찬을 들며 자유와 예속을 주제로 철학 토론을 나누었는데, 그중에는 "선한 자만이 자유로우며 악한 자는 모두 노예다"라는 명제도 있었다. 카토는 이 명제에 열렬히 동의했다.

플라톤의 『파이돈』을 읽다

카토는 만찬을 든 후 친구들과 산책을 다녀왔고 아들과 친구들에게 "평소보다 더 따뜻한" 작별인사를 건넨 뒤 침대로 가서 플라톤의 『파이돈』을 읽었다. 영혼의 불멸성과 소크라테스의 죽음에 관해 거의 다 읽었을 즈음 고개를 들어 위를 보니 그의 검이 보이지 않았다. 카토는 노예에게 검을 가져오라고 일렀다. 두번째로 말하고 세번째로 말한 다음에는 주먹으로 노예의 입을 쳤다. 어찌나 주먹을 세게 휘둘렀는지 카토는 허리를 심하게 다쳤으며 친구들이 자기를 배신하려 한다고, 적에게 맞설 무기도 없이 자기를 내버려둔다고 고래고래 고함쳤다. 친구들이 들어와 카토에게 제발 자결하지 말라고 애원했다. 카토는 대답했다. 검이 없어도 나는 어떻게든 자결할 수 있다. 하지만 갑자기 카이사르가 쳐들어왔는데 내게 무기가 없다면 그때는 어쩌란 말인가? 카토는 두 철학자 친구만 남기고 모두 내보낸 뒤 그들에게 이렇게 말했다.

나 자신의 거취에 관해서는 아직 결정하지 않았네. 하지만 마침내 결정을 내리게 되면 내가 선택한 행동을 내 뜻대로 취할 수 있어야 해.

그때 어린 노예가 검을 가져왔다. 카토는 칼끝을 확인하고 이렇게 말했다. "이제야 내가 나 자신의 주인이로군." 그는 『파이

돈』을 한번 더 읽고 잠들었다. 자정이 되자 의사에게 자신의 허리를 천으로 단단히 감아달라 시키고, 친구에게는 우티카 사람들의 탈출이 성공적으로 이루어졌는지 알아봐달라고 부탁했다. 바다에 폭풍우가 분다는 말에 카토는 끙 하는 신음소리를 냈다.

소 카토의 죽음

동틀 무렵 카토는 폭풍우가 잦아들었다는 보고를 받은 뒤 스스로 할복했다. 하지만 허리 부상 탓에 충분히 힘을 주지 못해 죽음에 이르지는 못했다. 카토가 긴 의자에 쓰러지는 소리에 사람들이 깼다. 기록을 남긴 플루타르코스에 따르면, 방으로 달려 들어온 친구들은

카토를 보고 경악했다. 그는 아직 산 채로 눈을 뜨고 있었지만 피로 범벅이 되고 내장이 거의 다 쏟아져나온 터였다. 의사가 와서 다치지 않은 내장을 잘 집어넣고 상처를 꿰매려 했다. 돌연 카토가 깨어나 의사가 해놓은 짓을 보고는 그를 밀치고 손으로 다시 배를 찢었다. 상처가 원래보다도 더 크게 벌어졌고, 마침내 그는 숨을 거뒀다.

이 소식이 알려지자,

우티카 사람들은 한목소리로 은인, 구원자, 유일한 자유인,

누구에게도 굴복하지 않을 단 한 사람이라며 그를 칭송했다. (…) 카이사르는 카토가 우티카에 남았다는 소식을 듣고 이 사내(카이사르는 그를 매우 존경했다)가 어쩔 요량인지 알아보려고 서둘러 온 터였다. 카토의 죽음을 전해 들은 카이사르는 이렇게 말했다고 한다. "카토, 내가 당신의 목숨을 살려줄 기회를 당신이 허락하기 싫었던 만큼 나는 당신의 죽음을 허락하고 싶지 않소."〔여기서 플루타르코스의 논평이 등장한다.〕 사실, 카토가 카이사르에 의해 목숨을 구하는 수모를 견뎠다 해도 그가 카이사르의 명성을 장식해준 만큼 자기 명성에 먹칠을 했다고 느끼진 않았을 것이다.

이 두 유명한 사례─소크라테스의 죽음과 카토의 죽음─에 차이가 있다면 하나는 평화로운 분위기 속에 법적으로 집행되었고 다른 하나는 과격한 자살행위였다는 것뿐이다. 두 사람 다 각자의 방식으로 영웅적이었고, 원칙대로 엄격한 신념을 따랐으며, 친구들의 만류에 흔들리지 않았다.

다음에 소개될 사례는 그야말로 완전히 대조적이다.

네로

황제 네로

서기 54년 클라우디우스황제가 사망하자 네로(당시 18세)가

곧바로 뒤를 이어 즉위했다. 사실 네로는 클라우디우스의 아들이 아니었다. 클라우디우스가 네번째 아내 아그리피나의 설득으로 **그녀의** 아들 네로를 입양하면서, 네로가 클라우디우스의 친아들 브리탄니쿠스보다 앞선 계승 서열을 차지한 것이었다. 훗날 네로는 계승 문제를 매듭짓기 위해 브리탄니쿠스를 독살했다고 전해진다.

네로는 첫 5년간 꽤 책임감 있게 정사를 돌봤다. 아들의 성정을 잘 아는 아그리피나가 네로를 두 조언자의 관리하에 두었기 때문이었다. 이 두 조언자 중 한 명이 부유한 철학자 소 세네카였다. 그러나 어머니와 아들은 마음이 잘 맞지 않았고, 서기 59년 네로는 사람을 시켜 어머니를 살해했다(고 전해진다). 속박에서 풀려난 네로는 마침내 연극, 화려한 쇼, 박진감 넘치는 경기 등 그가 진정으로 좋아하는 것들로 관심을 돌릴 수 있었다.

쇼맨 네로

로마의 평민(*plebs*)은 황제의 돈으로 치러지는 대형 볼거리(연극, 경기대회, 개선식)를 그저 반기며 네로에게 푹 빠져들었다. 네로는 굉장한 활력을 보이며 모든 일에 직접 관여했고, 경기대회와 축제에 몸소 참가해 군중을 기쁘게 했다.

네로는 낙타 네 마리로 경주를 벌였고, 줄타기 묘기에 코끼리들을 등장시켰으며, 심지어 집 한 채에 불을 지르고 배우들이 원하는 가구를 갖고 나오도록 시키는 공연을 벌이기도 했다. 열정적인 리라 연주가이자 가수이며 전차 경주자였던 네로는 이탈리아와 그리스 지역(그는 이곳이 자신의 진가를 인정해준다고 느꼈다) 축제 경주에 선수로 참가해 항상 일등상을 받았다. 전투에서 이긴 적은 없었지만 체육과 문화 축제에서의 성공을 기념해 대규모 '승전 행진'을 벌이는 것으로 개선식을 치렀다. 서기 64년 대화재로 로마 중심부가 잿더미가 되자 그는 이 땅을 전유해 폐허 위에 숲과 호수와 야생동물이 어우러진 48만 제곱미터 규모의 웅장한 황금궁전(독창성이 돋보이는 건축학적 걸작이었다)을 지었다.

이 모두가 평민에게는 굉장히 인기를 끌었지만—폼페이에 남아 있는 낙서는 네로에 대한 칭송으로 가득하다—지배계층에게는 호감을 얻지 못했다. 지배계층은 네로를 싫어했다. 네로는 제국 운영에 무관심했고 화려한 오락으로 황제의 품위를 떨어뜨렸으며, 제멋대로 권력을 휘두르며 자신들을 철저히 무시했으니까. 충분히 이해할 만하다. 만일 이 시대의 총리가 다트 프로 선수로 세계를 누비며 다른 선수들과 기량을 겨루고 늘 '승리'하여 열광하는 관중의 박수를 받는 데 대부분의 시간을 할애한다면, 하원의원들과 공무원 조직은 당연히 의구심을 품지 않겠는가.

반란

서기 68년 3월 갈리아(오늘날 프랑스 지역—옮긴이) 군대에 이어 게르마니아(오늘날 독일 지역―옮긴이) 군대에서도 반란이 일어났다. 황제 자리를 노린 장군들의 주도로 벌어진 일이었다. 네로는 히스파니아(오늘날 스페인 지역―옮긴이)에서도 총독 갈바의 주도로 반란이 일어났다는 소식을 접하고 처음에는 웃어넘겼지만 이내 심각한 공황 상태에 빠졌다. 법무관급 호위대에 도움을 요청했지만 응답이 없었다. 심지어 시인 베르길리우스는 네로에게 "죽는 것이 정말 그렇게 어렵습니까?"라고 말했다고 전해진다. 네로는 몇 가지 선택지를 떠올렸다. 갈바에게 자비를 구할까? 이집트에 공직을 얻을까? 검은 옷을 차려입고 군중 앞에서 연설을 해서 용서를 구할까?

네로, 달아나다

이런저런 생각을 하다 잠자리에 든 네로는 한밤중에 깨어 호위병, 친구들, 수행원, 하인 등 거의 모든 사람들이 떠난 것을 발견했다. 네로의 곁을 지킨 해방노예(즉 노예 출신 하인) 파온이 로마에서 6킬로미터 정도 떨어진 빌라로 떠날 것을 제안했다. 네로가 여자로 바꾸어 '결혼'하려 했던 (거세된) 미소년 애인 스포루스와 다른 몇 명도 아직 궁에 남아 있었다. 네로는 신발도 신지 않은 채 겨우 튜닉 한 장만 걸치고 몸은 짙은 색 망토로, 얼굴은 손수건으로 감싼 뒤 궁을 떠났다. 빌라는 그동안 관리하지 않고 방치되어 있었다. 그는 덤불을 헤치며 다른 사람들이 파준 좁은 통로를 따라 엉금엉금 빌라로 기어들어갔다.

숨을 곳이 없다

충성스러운 사람들이 네로에게 스스로 목숨을 끊음으로써 앞으로 겪게 될 수모를 피하라고 조언했다. 네로는 구덩이를 파고 시신을 처리할 물품을 구해 오라고 시켰다. 이 와중에도 그는 시종 눈물을 흘리며 "이로써 위대한 예술가가 죽는구나!"라고 거듭 되뇌었다. 역사가 수에토니우스의 이야기를 들어보자.

그가 주저하고 있는데 누군가 달려와 파온에게 편지를 전했다. 네로는 파온의 손에서 편지를 낚아채 직접 읽었다. 원로원이 네로를 공공의 적으로 선언했고, 수색대가 그를 찾고 있으며, 그는 고대의 방식으로 처벌받으리라는 내용이었다. 네로는 이것이 무슨 뜻이냐고 물었다. 죄인이 발가벗겨져 쇠스랑에 목이 찍힌 채 죽을 때까지 매질 당한다는 뜻임을 알자 네로는 별안간 공포에 휩싸여 갖고 있던 단도 두 개를 움켜잡았다. 하지만 그는 칼끝을 만져보더니 아직 죽음의 시간은 오지 않았다는 변명과 함께 단도를 내려놓았다.

네로는 스포루스에게 울부짖고 통곡해달라며 간청하기도 하고(원래 아내에게 요구되는 관습이었다), 자기가 본보기로 삼도록 누가 같이 자결해주면 어떻겠냐고 제안하기도 했다. 한편 자꾸 머뭇대는 자신을 질책하기도 했다. "내 삶이 수치스럽구나, 불명예로다. 네로 가문 사람이 이런 식으로 행동해선 안 되지, 안 되고말고. 이런 때 이렇게 주저해선 안 된단 말이야. 자, 어서 해치우자!"

네로의 죽음

그때쯤에는 네로를 생포하라는 명령을 받은 자들이 말을 타고 달려오고 있었다. 이 사실을 안 네로는 몸을 떨며 "빠르게 다가오는 말들의 우렛소리가 귓전을 울리는구나"(호메로스를 인용한 표현이다)라고 장렬히 외쳤다. 네로 황제는 개인 비서 에파프로디토스의 도움을 받아 단검으로 목을 찔렀다. 숨이 거의 끊어질 무렵, 한 백인대장이 마치 네로를 도우러 오기라도 한 듯 황급히 달려들어와 망토로 상처를 눌렀다. 네로는 그저 "너무 늦었네. 그래, 이게 충성이란 거로군!" 하고 말했다. 이 말과 함께 네로가 숨지자 빤히 뜬 두 눈이 툭 불거지며 그를 지켜보던 모든 이를 공포와 충격에 빠뜨렸다.

영웅에서 아무것도 아닌 자로의 전락

이런 난장판이 또 있을까! 황제는 고사하고 '예술가'의 최후로도 어울리지 않는다. 열광하는 군중 앞에서 공개적인 쇼를 벌이기를 좋아해 황제라는 권좌를 수치로 물들인 네로는 자신의 죽음 역시 똑같이 화려한 쇼가 되기를 기대했으리라. 하지만 그는 당당하게 자결하려는 뜻조차 실현하지 못했고, 오히려 자기

연민에 빠져 비서의 도움을 받고서야 겨우 치욕스러운 최후를 맞았다. 공개 처형이라는 더 수치스러운 죽음을 피하려는 의도에서였을 뿐 그 이상의 용기는 없었다.

제국시대 로마 역사가들의 관심을 일관되게 사로잡은 주제가 있으니, 바로 황제들의 부패가 주변 사람들을 얼마나 오염시키는지였다. 흔히 생선은 대가리부터 썩는다고 말하지 않는가(실제로는 그렇지 않다). 네로가 생전에 얼마나 큰 영화를 누렸든, 그것은 그의 수치스러운 퇴장과 함께 연기처럼 사라졌다.

루크레티아

기원전 509년 로마는 아직 왕정 체제로 제7대 왕 타르퀴니우스 수페르부스, 즉 '오만한 왕 타르퀴니우스'의 통치하에 있었다. 타르퀴니우스왕의 치세가 어떠했는지는 그의 별칭에서 드러난다. 그의 아들 섹스투스가 로마 귀족 여성 루크레티아에게 저지른 짓에서도 그 오만함을 알 수 있으리라. 후대 로마인들은 이 사건으로 타르퀴니우스가 몰락했으며 그와 함께 로마의 군주정도 무너졌다고 믿었다. 이 이야기를 전한 사람은 로마 역사가 리비우스다.

심심풀이 내기

로마군이 아르데아시를 포위하고 있었다. 젊은 귀족들은 잠시 전투가 중단된 틈을 타 이럴 때 으레 하는 일, 그러니까 음주와 내기놀이 따위를 하고 있었다. 그러다 누가 최고의 아내를 두었는지가 토론 주제로 떠올랐고, 그때 콜라티누스가 이런 걸 말로 논하는 게 무슨 의미가 있느냐고 지적했다. 당장 말을 타고 로마로 돌아가 각자의 아내가 뭘 하고 있는지 확인하면 된다는 것이었다. 술 취해 말 달리는 것을 금하는 규정은 없었으므로 그들은 말을 타고 질주해 밤이 될 무렵 로마에 도착했다(로마까지는 30킬로미터 정도였고, 거기서 14킬로미터 정도를 더 가면 콜라티누스의 집이었다).

다른 아내들은 모두 가까운 친구들과 사치스러운 연회를 벌이며 시간을 보내고 있었다. 하지만 콜라티누스의 아내 루크레티아는 달랐다. 늦은 시간에도 여전히 하녀들에게 둘러싸인 채 등불에 의지해 분주히 베틀 작업에 몰두하고 있었다. 두말할 필요 없이 그녀가 승자였다. 루크레티아는 손님들을 정중히 맞아들여 음식을 대접했다. 이때 섹스투스 타르퀴니우스는 절개가 굳고 아름다운 루크레티아의 모습에 욕정을 느껴 그녀를 범하리라는 결심을 품었다.

심야의 만남

며칠 뒤 섹스투스는 콜라티누스의 집을 찾았다. 그는 안으로 맞아들여져 식사를 들고 침실을 안내받았다. 모두가 깊이 잠들자 섹스투스는 루크레티아의 방을 찾아가 그녀를 완력으로 누르며 성관계를 하자고 설득했다. 루크레티아는 거부했다. 살해

위협에도 마찬가지였다. 섹스투스는 다른 방법을 시도했다. 자기 말을 듣지 않으면 그녀를 정말로 죽이고 그녀의 하인 하나를 같이 죽여 나란히 눕힌 뒤 둘의 정사를 목격했다고 선언하겠다는 것이었다(간음한 여성은 사형으로 처벌받았다. 하물며 노예와의 정사라면 말할 것도 없었다). 이 위협은 루크레티아의 "완강한 절개"를 무너뜨렸고, 그녀는 그에게 항복했다. 섹스투스는 "한 여자의 미덕을 짓밟는" 데 성공했다는 승리감에 들떠 집을 떠났다.

다음날 아침

이튿날 루크레티아는 아버지와 남편에게 전갈을 보내 무서운 일이 벌어졌으니 곧장 친구 한 명을 데리고 와달라 부탁했다. 남자들이 도착하자 루크레티아는 자신이 정조를 잃었다고 말했다. "콜라티누스, 당신 침대에 다른 남자의 흔적이 있어요. 하지만 유린당한 것은 내 육체뿐이에요. 내 정신은 순결합니다. 내 죽음이 그것을 증명할 거예요." 루크레티아는 간밤에 벌어진 일을 알리며 꼭 복수해달라고 그들에게 부탁했다.

남자들은 루크레티아 말대로 하겠다고 약속했지만 이 일은 그녀의 잘못이 아니라고 설득했다. "죄를 짓는 것은 정신이지 육체가 아니오. 자기 의지에 상관없이 일어난 일을 두고 스스로를 탓해선 안 돼요." 하지만 루크레티아는 대답했다. "나는 잘못이 없어요. 하지만 벌을 면할 수는 없답니다. 부정한 여자가 루크레티아를 핑계로 삼아 살아가선 안 될 테니까요." 루크레티아는 이 말과 함께 옷 속에 숨겼던 단도를 꺼내 가슴을 찌르고 앞으로 고꾸라져 숨을 거두었다.

왕정이 끝나다

모두가 슬픔에 빠져 어찌할 바를 몰랐다. 그러나 콜라티누스의 친구 루키우스 브루투스는 단도를 뽑아들더니 거기에 대고 자기가 반드시 타르퀴니우스와 그의 아내와 자식들을 전부 뒤쫓겠다고, 불과 검과 그 밖에 자기가 동원할 수 있는 모든 것을 동원해 다시는 왕이 로마를 통치하지 못하게 하겠다고 굳게 맹세했다. 그리하여 결국 이 마지막 왕은 축출되었고 로마는 자유 공화국이 되었다.

그로부터 450여 년 뒤 루키우스의 후손 마르쿠스 브루투스는 기원전 44년 3월 이두스(고대 로마력에서 한 달의 가운데 날짜—옮긴이)에 벌어진 율리우스 카이사르의 암살을 주도하게 된다. 무슨 명분에서였을까? 바로 카이사르가 왕정을 복고하려 한다는 것이었다. 참으로 세상은 돌고 도는 것이다.

영웅으로서의 여성

vir(비르)는 남자(man)를 뜻하는 라틴어이며, *virtus*(비르투스, 영어로 virtue[흔히 미덕으로 번역된다—옮긴이])는 기본적으로 '진정한 남자의 특성, 남자다움, 단호함, 용기'를 뜻한다. 비

르투스가 발휘되는 주된 장소는 전쟁터였다. 전쟁터는 여성의 세계가 아니었다. 이 단어의 더 넓은 의미인 '도덕적 탁월함, 선함, 장점'을 적용한다 해도 비르투스는 여성에게 해당되는 단어로 보기 힘들었다. 21세기의 상식과 달리, 로마인의 시각에서 여자는 온전한 '인간(man)'이 될 수 없었다.

그렇다고 당시 여성들에게 우리가 '미덕'이라 부르는 것이 없었다는 뜻은 아니다. 그런 말은 사실과 거리가 멀다. 하지만 이러한 미덕이란 결국 좋은 로마인 아내나 어머니가 남편의 돌봄과 보호하에(208쪽부터 참조) 자신이 마땅히 있어야 할 자리, 그러니까 가정에서 발휘하는 것이기 마련이었다. 이런 조건에서 여성에게 어떤 '영웅적' 태도를 기대할 수 있었을까?

루크레티아는 그 답을 두 가지 방식으로 보여주었다. 첫째, 남편에 대한 절개를 지킴에 있어 일체의 타협을 허락하지 않았다. 앞의 문장에서 '남편'을 '로마'로 바꾸면 가정에 대한 루크레티아의 헌신적 자세는 전쟁터에 있는 군인의 자세와 다르지 않다. 전쟁터에서 최후의 승리가 확보될 수만 있다면 개인의 죽음은 아무것도 아니다. 루크레티아의 경우에도 그녀에게는 최후의 승리가 확보되리라는 절대적인 믿음이 있었다. 둘째, 루크레티아가 죽음 앞에서 보인 두려움 없는 태도는 진정한 군인, 그리고 수많은 로마 영웅들의 증표였다.

따라서 이것은 일종의 피에타스(*pietas*, 신심) 즉 가족과 신들과 국가에 져야 할 의무를 충실히 이행하는 자세였으니, 로마인이라면 누구나 이 자세를 지녀야 했다.

아리아

"파이테, 논 돌레트"

카이키나 파이투스의 아내 아리아는 강단 있는 여자였다. 한 번은 남편의 건강이 좋지 않은 때 사랑하는 어린 아들이 병에 걸렸다. 하지만 아리아는 남편 앞에서는 아들이 잘 지내는 척 굴었고 방에서 나와서야 울음을 터뜨렸다.

서기 42년 파이투스는 새 황제 클라우디우스에 대항해 반란을 꾀했다는 혐의를 받았다. 아리아는 남편이 로마로 재판을 받으러 가는 배에 타고 동행하려 했지만 탑승이 거부되자 낚싯배를 얻어 타고 뒤를 따랐다. 파이투스는 유죄판결을 받고 자결하라는 명령을 받았지만 선뜻 행동으로 옮기지 못했다. 그러자 아리아는 검을 잡고 자신의 배를 찌르더니 이렇게 말했다. "파이투스, 아프지 않아요." 여기서 우리는 다시 한번 영웅적인 여성의 모습, 다시 말해 가정이라는 이상에 무조건적으로 충실하고 죽음을 두려워하지 않는 태도를 확인할 수 있다.

에피카리스

뜻밖의 헤로인

서기 65년 반란 세력이 네로 암살 계획을 세웠다. 타키투스에 따르면 한때 노예였던 에피카리스라는 여자는 "그때까지 명예로운 일에는 전혀 관심을 보인 적이 없었지만" 어찌어찌하여 암살 계획을 알게 되고 반역자들을 응원했다.

그런데도 아무 일이 일어나지 않자, 에피카리스는 평소 네로에게 불만이 있어 보였던 어느 선장을 찾아가 합류를 제안했지만 다른 반역자들의 이름은 전혀 대지 않았다. 선장은 즉각 네로를 찾아가 고발했고 네로는 에피카리스를 불러 심문했다. 확실한 증거가 부족했지만─한 사람이 다른 한 사람을 고발했을 뿐 언급된 이름은 전혀 없었다─에피카리스는 여전히 풀려나지 않았다. 네로의 계산은 정확했다. 증거가 없다고 암살 계획이 없었던 건 아니었다.

고문

암살 계획은 결국 들통났다. 몇 명이 면책을 보장받고 죄를 자백했다. 그때 네로는 에피카리스를 퍼뜩 떠올렸다.

네로는 에피카리스가 여자의 몸으로 고문을 견딜 수 없을 거라 생각하여 그녀를 고문대로 데려가라고 명령했다. 하지만 고문기술자들은 매질로도 불로도 그녀를 어쩌지 못했고, 여자 하나 감당을 못하는 탓에 화가 난 그들이 두 배로 악독한 고문을 가했으나 에피카리스는 아무것도 자백하지 않았다. 다음날 에피카리스는 또다시 고문받기 위해—사지가 탈골되어 스스로 서 있을 수 없었다—의자로 끌려왔다. 하지만 그녀는 가슴에 감긴 붕대를 찢어 올가미를 만든 뒤 의자 등받이에 걸고, 체중을 이용해 의자 반대편으로 몸을 기울여 미약하게나마 남아 있던 목숨을 완전히 끊었다.

타키투스의 분석

역사가 타키투스는 이 사건은 노예 출신이, 더군다나 여성이 남긴 주목할 만한 사례라 논평했다. 자유인 로마 기사와 원로원 의원 들은 몸에 손끝 하나 대지 않아도 술술 자백한 것과 달리, 에피카리스는 잘 알지도 못하는 사람들을 지키려고 이루 다 말할 수 없이 모진 고문을 견뎠다. 그녀는 일반적인 여성상처럼 남편과 가정에 충성을 보이는 대신 로마라는 이상에 대한 충성을 보임으로써 명예롭게 행동했던 걸까? 아니면 단지 도둑들 사이의 명예를 지킨 것뿐이었을까? 설사 그랬다 하더라도, '진정한 로마인들' 사이에도 부패가 만연했던 그 시기에 아무런 명예도 지키지 않는 것보다야 나았을 것이다.

타키투스는 에피카리스의 죽음에 대해 다소 모호한 태도를 취했지만, 네로 모친의 죽음에 관한 그의 태도는 전혀 모호하지 않았다.

아그리피나

앞에서 여성들이 그들 나름대로—가정이라는 명분을 위해 (153~154쪽)—얼마나 영웅적으로 생을 마감할 수 있었는지 살펴보았다. 네로의 어머니 아그리피나는 남자다운 용기라는 로마인의 이상에 그 어떤 여자보다도 근접한 모습을 보여주었다. 아그리피나는 자신을 죽이러 온 사람들에게 두려움을 보이긴커녕 그들을 무시했다.

그르친 임무

네로는 자신을 자꾸 통제하려 드는 어머니에게 짜증이 나서 어머니를 죽이겠다고 결심했다. 밤중에 배에서 일어난 '사고'로 가장해 죽이려고 했지만, 일이 계획대로 풀리지 않아 아그리피나는 물가로 헤엄쳐나왔다. 그때 물에 빠져 허우적대던 하녀 하나가 살고 싶은 마음에 꾀를 내어 자기가 아그리피나라고 소리쳤다. 즉시 군인들이 몰려들었고, 하녀는 그들에게 맞아죽었다. 이 모습을 목격한 아그리피나는 사태를 정확히 파악했다. 그녀는 근처에 있던 자기 빌라로 피신했고, 네로는 살해 계획이 실패했다는 소식에 겁을 집어먹었다. 그는 죽을 듯이 벌벌 떨며어서 빨리 어머니를 찾아 끝장내라고 군인들에게 명령했다.

검투사 같은 죽음

군인들이 빌라로 쳐들어오자 아그리피나는 그들을 마주보았다. "너희가 나를 인사차 방문한 것이면 어서 가서 내 건강이 나아졌다고 보고해라. 만일 너희가 나를 죽이러 왔다면 내 아들이 시킨 일은 아닐 것이다. 내 아들은 제 어미를 죽이라고 명령하지 않았다." 군인 하나가 아그리피나를 곤봉으로 내리쳤고, 다른 군인이 그녀를 죽이려고 검을 뽑아들자 아그리피나는 자기 자궁을 가리키며 소리쳤다. "여길 찔러라!"

아그리피나는 마치 이 일을 예견한 것 같았다. 다른 사료에서 타키투스는 아그리피나가 점성술사를 만나 점을 쳤을 때 네로는 장차 황제가 되겠지만 어머니를 죽일 운명이라는 얘기를 들었다고 기록했다. (타키투스에 따르면) 아그리피나는 "그러라지. 황제만 된다면야!"라는 말로 이 예언을 일축했다.

아그리피나 역시 죽음에 대한 두려움을 드러내지 않은 또 한 명의 여성이었다. 마치 경기장의 검투사처럼(117쪽) 군중—이 경우에는 군인들—앞에 모습을 당당히 드러냈을 뿐더러 심지어 구체적으로 어디를 찌르라고까지 말했으니 충분히 그렇게 여겨질 만하다.

메살리나

클라우디우스황제의 세번째 아내로 섹스광이었던 메살리나는 앞의 사례들과 다르다. 매춘부들과의 섹스 경합에서 우승했

다는 메살리나는 (풍자 작가 유베날리스에 따르면) 자주 매음
굴에서 남자를 상대했다고 한다.

포주가 여자들을 모두 집에 보낸 뒤에도 그녀는 업소 문이 닫
힐 때까지 최대한 오래 남아 있었다. 떠나기 아쉬워하는 그녀
의 몸은 여전히 달아올라 있었고 음핵은 딱딱했다. 마침내 궁
으로 돌아온 그녀의 표정은 기진맥진하면서도 여전히 불만
족스러웠고 볼에는 기름이 묻어 지저분한데다 등잔 연기 냄
새가 났으니, 매음굴의 연기 내음을 황제의 침실까지 옮긴 것
이다.

메살리나가 여러 내연남 중 하나와 비밀리에 결혼하자 그녀
를 처리하기 위해 군인들이 파견되었다. 메살리나의 어머니는
죽을 때라도 명예롭게 죽으라고 딸에게 간절히 부탁했지만 메
살리나는 흐느끼며 불평을 늘어놓을 뿐이었다. 마침내 자기를
암살할 군인이 들어오자 메살리나는 자결하려는 듯 힘없이 단
검을 들었으나, 이내 몸을 덜덜 떨며 목에 댔던 단검을 가슴
팍으로 내리고 가만히 있었다. 군인이 그녀 대신 칼을 찔러
주었다.

타키투스는 논평했다. "욕정으로 타락한 정신에 명예란 없었
다." 아그리피나는 성녀가 아니었으나 최후의 순간 확고한 결단
력을 지닌 여자로 칭송받아 마땅한 모습을 보여주었다. 타키투

스의 눈에 비친 메살리나의 초라한 최후는 그녀가 산 인생에 꼭 어울렸다.

행복한 결말

로마인이라고 다 극적인―좋은 쪽이든 나쁜 쪽이든―최후를 맞았던 것은 아니다. 열렬한 지식 수집가였던 박물학자 대 플리니우스는 인생에서 "가장 큰 행운(*suprema felicitas*)"은 갑작스럽고 완전히 자연적인 죽음을 맞는 것이라고 했다. 플리니우스는 그러한 죽음의 예로 스물아홉 가지를 드는데, 그중에는 비극 경연대회에서 우승을 거둔 뒤 기쁨에 들떠 죽은 소포클레스와 칸나이 전투(기원전 216년에 한니발 장군을 상대로 치른 전투)에서 전사한 줄 알았던 아들이 살아 돌아온 것을 보고 죽은 어머니가 있었다. 어떤 사람은 신발을 신다가, 어떤 사람은 어딘가에 발가락을 부딪쳐서, 어떤 사람은 시간을 묻다가, 어떤 사람은 과자를 먹다가, 어떤 사람은 벌꿀주를 마시다가, 어떤 사람은 달걀을 빨아먹다가, 어떤 사람은 여자와 잠자리를 갖다가, 또 "기사 계급의 두 남자는 미모로 명성이 자자했던 익살극 배우 무시쿠스와 동시에 사랑을 나누다가" 죽었다. "가장 부러움을 산 사례"는 희극 배우 마르쿠스 오필리우스 힐라리스였다. 그는 아주 성공적으로 공연을 마친 후,

정찬을 들다 뜨거운 음료수를 가져오라고 시켰다. 그리고 공

연에서 썼던 무대 가면을 들고 가만히 응시하더니, 자기 머리에 쓰고 있던 화관을 그 위에 얹었다. 그는 그 자세로 굳어버린 듯 미동조차 없었다. 그의 옆에 비스듬히 누워 있던 자가 그에게 음료수가 식겠다고 말할 때까지, 아무도 무슨 일이 벌어졌는지 눈치채지 못했다.

제7장

키케로의 『노년에 관하여』

노년의 축복

로마인들은 늘 과거를 돌아보았고 그리스 문학 본유의 지혜에 기댔다. 호메로스(35쪽 참조)와 그 뒤를 이어 등장한 서정시인들(기원전 700~500년)은 대체로 노년과 죽음에 몹시 비관적이었다(비극 작가 소포클레스 참조, 250~251쪽). 하지만 철학자 플라톤은 이 주제에 사뭇 다른 색채를 부여했다. 플라톤의 굉장히 영향력 있는 저작 『국가』는 소크라테스와 그를 집으로 초대한 케팔로스가 노년을 주제로 벌이는 담화로 시작되는데, 여기 그 내용을 소개한다.

다음은 케팔로스가 말년에 친구들과의 만남이 무척 즐겁다고 말한 뒤 이어진 대화이다.

소크라테스: 저는 노인들과 이야기하는 게 제일 좋습니다, 케팔로스. 노인들은 우리도 어차피 가야 할 길을 앞서가는 여행자라고 생각하거든요. 그 길이 어떨지—거칠고 힘들지 아니면 평탄하고 쉬울지—미리 알아둬야지요. 노년에 관한 당신의 견해가 몹시 궁금하군요. 시인들이 '노년의 문턱'이라 일컫는 시기에 서 계시니까요. 자, 노년은 삶에서 힘든 시기입니까? 노년을 어떻게 이해하고 계십니까?

케팔로스: 옳으신 말씀입니다, 소크라테스. 어쨌든 제가 이해하는 바는 이렇습니다. 유유상종이라는 옛말처럼 제 또래 사내들은 몰려다닙니다. 대개는 모여서 이제 늙었다고 불평하고 젊을 때 누리던 좋은 것들을 그리워하지요. 이제는 성관계고 잔치고 술판이고 그런 게 없잖습니까. 지금과 달리 우리가 정말로 활기 넘치던 호시절을 생각하며 넋두리를 늘어놓지요. 어떤 사람들은 자기 일가붙이들이 늙은이를 개똥 취급한다고 푸념하고, 노령이 모든 해악의 원인이라고 노래한답니다.

하지만 소크라테스, 제 소견을 밝히자면 그건 옳지 않은 비난입니다. 제 말은 이겁니다. 정말 노령 그 자체가 원인이라면 저나 다른 늙은이들도 모두 똑같게 느껴야지요. 하지만 저는 다르게 느끼며, 저와 같은 사람들도 여럿 만났습니다. 〔유명한 그리스 비극 작가〕 소포클레스를 예로 듭시다. 제가 그 사람과 같이 있는데 누군가 다가와 '요즘 성생활이 어떠십니까, 소포클레스? 여전히 여자와 관계를 가질 수 있으십니까?'라고 묻더군요. 소포클레스는 '이 사람아, 썩 물러가게! 나는 미쳐 날뛰는 통제 불능의 폭군으로부터 도망친 노예처럼, 그 모든 것들로부터 벗어나 아주 행복하다네.'라고 대꾸하더군요.

당시에 참 적절한 표현이라 생각했고, 지금도 그렇게 생각합니다. 그런 것들이 전부 물러간 노년에는 오롯한 평온과 자유가 있지요. 사람을 한껏 부풀렸다 풀어주길 반복하던 욕망이 물러가면, 소포클레스의 말대로 미치광이 폭군들로부터 해방됩니다.

사실은 이렇습니다, 소크라테스. 그 모든 회한이나 일가붙이와의 갈등 원인은 단 하나일 수밖에 없는데, 바로 고령이 아니라 개인의 인격이랍니다. 정신을 수련하고 온화한 인품을 갖춘다면 고령은 짐이 되지 않아요. 이 두 가지를 갖추지 못한 사람은 늙음만큼 젊음도 다루기 힘들지요.

그러자 소크라테스는 이 모든 차이를 빚어낸 건 사실 케팔로스의 재산이 아닌지 궁금해한다. 케팔로스는 그 말에 완전히 반대하진 않고 부유함에 따른 한 가지 특별한 장점을 언급한다. 사람은 죽음이 가까워지면 사후세계와 그곳에서 받을 벌이 걱정되고 두려워지며 혹시 살면서 누구한테 잘못한 게 없는지 돌아보게 된다. 그런데 돈이 있으면 누군가에게 자기도 모르게 사기를 치거나 거짓말하지 않았다고, 또는 어떤 신에게 제물이나 어떤 사람에게 돈을 빚진 채 이생을 떠나지 않는다고 확신하는데 큰 도움이 된다는 것이었다.

『노년에 관하여』: 여는 말

키케로의 대화록 『노년에 관하여』는 어떤 의미에서 플라톤의 『국가』 속 저 핵심 단락의 확장된 논의라 할 수 있다. 주요 발언자인 대 카토(138쪽)는 케팔로스가 앞서 말한 내용의 상당 부분—특히 인격과 관련해—을 요약할 뿐만 아니라 거기서 훨씬 더 나아간다.

카토는 자연이 우리에게 허락하는 한도 내에서 훌륭하고 행복한 삶을 영위할 필요가 있다고 강조하는 것으로 말문을 연다. 죽음은 자연에 존재하는 여러 상태 중 하나기 때문에 현명한 사람은 "무르익은 열매가 (…) 마침내 떨어지듯" 괴로움 없이 죽음을 마주할 것이다. 여러 사례가 인용되는데, 그중 하나는 108세까지 산 시칠리아 출신 그리스 사상가 고르기아스다. 왜 그렇게 오래 살기를 택했냐는 질문에 고르기아스는 "노년에 관해 불평할 이유가 전혀 없어서"라 답했는데 이를 두고 카토는 과연 현자다운 탁월한 답변이라 평했다.

그런 다음 카토는 노년에 제기되는 네 가지 비난을 소개하는데 노년에는 활동적인 일을 할 수 없고, 신체가 쇠약해지며, 거의 모든 쾌락을 박탈당하고, 죽음이 멀지 않다는 것이었다.

대화록의 나머지 부분에서 카토는 이 비난들을 하나씩 다루어나간다.

노년을 비난하는 첫번째 이유: 활동적인 일을 할 수 없다

카토는 '활동적인 일'에는 젊음과 체력이 필요하다면서, 노인의 신체로 그런 일은 많이 할 수 없겠지만 노인의 판단력과 경험과 권위는 그 무엇보다 중요하다고 말한다. 마치 배에서 돛대에 오르고 갑판을 뛰어다니는 젊은이들이 키잡이보다 더 중요하다 해도 키잡이의 기여가 젊은이들의 그것보다 훨씬 의미심장하듯이 말이다.

> 큰일은 체력, 날렵함, 민첩성이 아니라 숙고, 지도력, 목표의식으로 하는 것이지. 이러한 자질은 나이가 들면서 약해지지 않고 외려 향상된다네.

로마인들이 원로원이라는 이름을 지은 것도 이러한 이유에서였다. 원로원을 의미하는 라틴어 세나투스(*senatus*)는 '노인'을 뜻하는 세넥스(*senex*)에서 파생되었다(단어의 파생 원리에 무지했던 로마인들이 단어를 제대로 활용한 매우 드문 사례 중 하나다). 공화정 운영에 필요한 지혜와 판단력은 오로지 노인들만 발휘할 수 있었다(아리스토텔레스의 관점 참조, 41쪽부터).

활동을 유지하라

카토는 고령이 되면 기억력이 떨어질 수 있다고 인정했지만 그 이유는 오직 훈련이 부족해서였다. 사실 건강한 정신은 이해관계가 있는 일에 계속 에너지를 쏟느냐에 달려 있다. 그리스 정치가 테미스토클레스를 보자. 그는 아테네 시민 모두의 이름을 외우고 있었다. 노인들은 돈을 묻어둔 장소나 다음 법정 출두일 또는 채무자나 채권자 이름을 절대 잊지 않는다! 변호인이나 사제는 배운 것을 기억한다. 소포클레스는 80대에도 여전히 비극 작품을 썼다. 아버지가 자기 일을 스스로 돌볼 능력이 없다고 아들들이 소송을 제기하자, 소포클레스는 당시 집필중이던 희곡(《콜로노스의 오이디푸스》) 일부를 법정에서 낭독하고 곧바로 무혐의 판결을 받았다.

이처럼 건강한 정신은 밭일을 계속하는 노인들에게서도 찾아볼 수 있다. 이들은 한 해의 노동이 이듬해에 결실을 맺으리라는 것을 안다. 하지만 미래 세대를 생각하고 앞을 장기적으로 내다보기에 일하는 것이기도 했다. 카이킬리우스 스타티우스의 희곡 〈젊은 친구들〉에 등장하는 어느 농부는 나무를 심는 이유를 이렇게 설명한다.

불멸하는 신들을 위해서지요. 신들께선 내가 이러한 것들을 조상에게서 물려받는 데 그치지 않고 후손에게도 물려주길 바라니까요.

노인을 고루하게 여기는 사람들도 있긴 하지만, 노인들은 청년들과 교류를 유지해야 한다고 카토는 충고했다. 청년들은 언제나 노인들의 경험을 반긴다는 것이었다.

그러니 행복한 노년을 누리는 비결은 바로 젊은 시기에 개발한 관심사를 지속적으로 발전시켜나가는 바쁜 생활이었다. 정치가 솔론은 "나는 날마다 지식을 늘리며 노인이 되어간다."라고 말했다.

노년을 비난하는 두번째 이유: 신체가 쇠약해진다

카토는 이 문제를 다루며 유명 레슬링 선수 밀로의 사례를 들었다. 노인이 된 밀로는 젊은 운동선수들이 연습하는 모습을 지켜보다 눈물을 흘리고 자기 근육을 쳐다보며 이렇게 말했다. "하지만 이것들은 이제 다 죽었구나." 카토는 이렇게 말한다. 아니, 죽은 건 근육이 아니라 **밀로 자신**이다. 밀로의 명성은 그 자신이 아니라 단순히 그의 근육에서 온 셈이었으니까. 따라서— 이것이 핵심이었다—밀로는 삶의 새로운 환경에 적응할 수 없었으니, 근육이 없는 밀로에게 삶은 아무런 의미가 없었다.

대조적인 사례로 카토는 (본인처럼) 폐활량은 줄었을지언정 한층 더 조용하고 느긋한 연설 방식에 적응한 유명 웅변가들을 언급했다. 그러나 그렇게 할 수 없다면 가장 좋은 대안은 젊은

이들을 가르치는 것이었다.

아무리 늙고 기력이 쇠약해졌더라도 인문학[교양, 특히 문학을 의미한다]을 가르치며 행복해 보이지 않는 사람은 없다네.

어찌되었든 나이 그 자체가 신체 쇠퇴의 이유는 아니었다. 원인은 보통 청년기의 무절제와 방종에 있었다.

나이에 맞는 생활

사람들이 아무리 늙는 것을 불평한다 해도 생명에는 고유한 특징과 활동이 있으며 자연은 미리 정해진 하나의 길을 간다고 카토는 말한다.

소년은 연약하고, 청년은 주장이 강하며, 장년은 위엄이 있고, 노년은 판단력이 원숙하지. 각 단계는 저마다 자연에서 한 자리를 차지하고, 제 시기에 이르러 결실을 거둔다네.

이러한 이유 때문에 노인에게는 격렬한 활동을 요구하는 일이 없다고 카토는 말한다. 사실 국가는 노인이 지기 어려운 의무(예를 들어 군 복무나 원로원 출석, 106~107쪽 참조)를 면제해주었다. 그렇다 하더라도 노인은 허약한 신체와 병마에 대항해 싸워야 했다. 그러려면 적당한 운동과 신중한 식단이 어우러진 생활 태도를 엄격하게 유지해야 했다. 청년의 경솔함이 청년 개인의 품성 문제이듯, 노년에 기운이 처지고 꾸벅꾸벅 졸음이 온다면 그것은 마찬가지로 노인 개인의 품성 문제였다.

자립심을 유지하라

중요한 것은 체력이 아니라 정신력이다. 정신 활동에 몰두하며 기억력을 날카롭게 유지하는 사람(카토는 "내 두뇌의 경주로"라고 표현했다)은 나이듦을 의식하지 않으며, 삶은 그 끝을 향해 서서히 다가간다. 덧붙여 카토는 노인들에게 자립심을 버리지 말라고 단호히 조언한다.

노인이 존경받으려면 스스로를 적극적으로 방어하고 자기 권리를 확고하게 지키며, 그 누구에게도 굴종하지 말고, 마지막 숨을 거둘 때까지 자기 가족에 대한 통제력을 유지해야 하네.

가장이 법이다(24~25쪽 참조)! 카토는 자신은 청년처럼 자기주장을 펼치는 노인을 높이 평가한다면서, 마찬가지로 청년도 노인 같은 데가 있는 편이 좋다고 말했다.

노년을 비난하는 세번째 이유: 거의 모든 쾌락을 박탈당한다

고대 철학자들은 욕망에 대해 종종 우리의 이성적 능력을 왜

곡한다며 통렬히 비난했다. 그러니 카토가 노년에 성욕이 감소하거나 사라지는 현상을 이 시기의 가장 큰 축복으로 여긴 것은 어찌 보면 당연한 일이다(케팔로스 사례 참조, 165쪽).

> 욕망이 지배하는 곳에서 자기절제는 설 자리가 없고, 감각적 쾌락의 법칙 아래에서 미덕은 설 곳을 잃지. (…) 욕망은 판단력을 흐리고 이성에 적대적이며, 정신의 눈을 가려 미덕과 어떠한 교류도 할 수 없게 만든다네.

역시 당연하게도 카토는 에피쿠로스주의를 우회적으로 비판한다. 에피쿠로스주의자들은 일반 철학자들과 달리 "쾌락이 모든 행위의 판단 기준이 되어야 한다고 주장"했다.

> 〔삼니움족 그리고 피로스 장군의 그리스 군대와 맞서야 하는〕 로마 장군들이 이 신조를 알게 되면 적군이 거기에 설득되길 바랄 걸세. 적들이 이 신조를 실천하면 그들을 정복하기가 훨씬 더 쉬워질 테니까!

나이가 들면서 줄어드는 것은 성적 충동만이 아니었다. 연회나 잔치, 음주에 대한 과도한 욕구도 줄었다. 그 결과는? "만취, 소화불량, 불면의 밤이 없다네!"

그럼에도 불구하고 이런 것을 여전히 욕망하는 사람들은 좌

절감을 느낀다는 사실을 카토는 인정했다. 하지만 그런 욕망이 없는 사람들에게 이는 완벽하게 만족스러운 결과였다.

첫번째 긍정적 쾌락: 우정

카토는 항상 담소를 즐겼는데 주로 식사나 음주를 위해서가 아니라 우정을 나누기 위해서였다. 그가 설명했듯, 이런 자리를 표현하는 라틴어 단어는 '마시다'를 뜻하는 그리스어 단어 숨포시온(*sumposion*, 영어 symposium의 어원)이 아닌 '함께 살다'를 뜻하는 라틴어 콘비비움(*convivium*)에서 그 유래를 찾을 수 있었다(로마인들이 어원을 정확히 파악한 또다른 사례다). 이러한 자리는 "본질적으로 친목 모임의 성격을 띠기 때문"이었다. 카토는 매일 이웃과 더불어 식사하며 온갖 주제로 담소를 나누었고, 대화는 밤이 깊도록 계속되곤 했다.

두번째 긍정적 쾌락: 활발한 두뇌 활동

성욕이나 야망, 경쟁, 투쟁 따위는 이제 모두 과거로 물러났으니, 지식을 쌓고 배움을 지속하는 한 "영혼은 스스로에게 벗이 되고 스스로와 함께 산다"고 카토는 말한다. 그에 따르면 자연과학자 가이우스 술피키우스 갈루스는 밤낮으로 "천상과 대지를 측정"하는 데 빠져 있었고, 어떤 이들은 "더 가벼운" 활동인 시 창작이나 법률 연구에 몰두했다.

세번째 긍정적 쾌락: 농사

카토는 땅에서 거두는 결실뿐 아니라 대지의 작용에서도 기쁨을 느낀다고 말한다. 그는 옥수수와 포도를 재배하기 위해 땅을 일구고(물대기, 골 파기, 괭이질) 거름을 주고 씨를 뿌리고 접붙이는 과정을 상세히 설명하며, 옥수수밭과 목초지와 포도밭과 과수원과 목장과 벌들과 화초가 주는 크나큰 기쁨을 강조한다. 군인 마니우스 쿠리우스 덴타투스와 같은 사람들에게는 이런 활동이 자제력과 자기통제력, 굳건한 가치관을 심어주기도 했다. 사비누스족 군대가 쿠리우스 덴타투스에게 커다란 금덩이를 선물로 가져왔을 때, 그는 자기 생각엔 황금을 갖는 것에는 아무런 영광이 없으며 오로지 황금을 가진 자들을 지배하는 것에 영광이 있을 뿐이라고 말했다.

네번째 긍정적 쾌락: 환경

농사 예찬은 이어진다. 농사일이 주는 만족감, 농부들이 인간들을 먹이고 신들을 숭배하는 데 필요한 모든 것을 생산하며 전 인류에 행하는 봉사, 노인들이 농사일을 하며 누리는 좋은 환경을 열거한다. 온기를 전해주는 햇볕과 화로, 몸에 좋은 시원한 그늘과 흐르는 물. 여기에 진정한 향락이 있었다. "대지라는 은행과 거래를 튼" 농부는 완벽한 포도주 저장고와 기름 창고와 식료품 창고, 풍부한 고기와 치즈와 젖, 그리고 농부들이 "두번째 돼지 다리"라고 부르는 채소밭을 마음껏 쓸 수 있었다.

그러니 무기, 말, 창, 곤봉과 공놀이와 사냥과 달리기는 남들이 즐기게 내버려두게나. 우리 노인들에게는 뼈 구슬과 주사위나 주면 될 테니. 어차피 노년에는 그런 것조차 없어도 오롯한 행복을 누릴 수 있다네.

다섯번째 긍정적 쾌락: 존경받는 삶

그다음으로는 노인에게 바쳐지는 존경이 있다. 그러나 이러한 존경은 노력의 결과로 얻는 것이며, 그러려면 젊을 때 미리 토대를 닦아놓아야 했다.

말로써 스스로를 변호해야 하는 노년은 참으로 불행하네. 백발이나 주름살이 저절로 존경심을 불러일으키는 것은 아닐세. 이 궁극의 상찬은 오로지 젊을 때 견실히 잘 보낸 시간을 토대로 얻을 수 있는 것이지.

이어 카토는 스파르타인의 일화를 통해 우리가 노인들을 어떻게 대해야 할지 보여준다. 아테네에서 어느 노인이 연극을 보려고 극장에 갔는데 그에게 자리를 양보하는 사람이 아무도 없었다. 그러나 그가 특별 초대된 스파르타 외교 사절들이 앉아 있는 구역에 가니 모두가 일어나며 자리를 내주었다. 이 모습에 전 관객석에서 갈채가 쏟아졌다. 그러자 한 스파르타인이 이렇게 논평했다. "아테네인들은 올바른 행동이 무엇인지 아는군요. 단지 실천하지 않을 뿐이죠."

그럼에도 불구하고 카토는 노년에 단점이 있음을 인정한다. 사람들은 노인들이 괴팍하고 걱정 많고 성마르고 완고하며 욕심 사납다고 손가락질했다. 하지만 카토는 노인들에게도 변명의 여지가 있다고 말한다. 노인들은 자기네가 멸시받고 무시당하며 조롱받는다고 느낀다는 것이었다. 하지만 이는 애당초 나이가 아니라 인격의 문제였다. 노년의 엄격함은 반드시 적당해야 하되 적절한 것이었다. 그렇다면 노년의 인색함은? 당연히 적절하지 않다. "길이 얼마 남지 않았는데 여비를 더 모으는 나그네만큼 어리석은 이가 또 있겠는가?"

이 문제에서 내려진 결론은 자연스레 카토를 마지막 이유로 이끌었다.

노년을 비난하는 네번째 이유: 죽음이 머지않다

카토는 이것이 "당연한" 사실이며, 이것을 깨닫지 못한 사람은 불쌍하다는 말로 시작한다. 그러고는 "영혼은 불멸인가?"로 주제를 바꾸어, 인간의 사후에 벌어질 수 있는 경우의 수는 두 가지뿐이라고 주장한다. 하나는 죽음으로 영혼이 완전히 파괴되는 것이고, 하나는 죽음이 영혼을 어떤 영생의 장소로 인도하여 영혼은 거기서 **아마도** 행복하게 지내리라는 것이다. 어느 쪽이 사실이든 우리가 두려워할 까닭은 없다.

죽음을 반기다

카토는 죽음이란 피할 수 없다는 주제로 되돌아가, 질병과 죽음의 위험에 청년이 노인보다 훨씬 더 많이 노출되어 있음을 지적한다(아주 분명한 사실이다. 22쪽 참조). 카토는 이것이 노인의 "분별력과 이성과 계획성" 덕분이라는 (다소 터무니없는) 주장을 편다. 그렇다, 노인은 이제 더는 희망이 없다. 하지만 그들은 오래 살았고 이미 소망을 이루었으므로 요절한 사람보다는 나은 상황이다. 하지만,

막상 끝이 오면 그 무엇도 '길게' 느껴지지 않네. 끝에 다다르면 앞서 지나간 모든 것은 흔적 없이 사라지고 남는 거라곤 오로지 선행과 올바른 처사로 쌓은 평판뿐이지. 그 숱한 시간과 나날과 달과 해는 무의미해지네. 그것들은 한번 지나가면 결코 돌아오지 않아. 앞날을 예측할 수도 없지. 그러니 우리 각자에게 주어진 삶의 시간에 만족해야 하네.

덧붙여 카토는 자연이 인류에게 주는 모든 것은 선하며, 노인이 죽는 것만큼 자연스러운 일은 없다고 단언한다. 따라서 그는 오랜 여행 끝에 뭍을 발견하고 항구에 다가가는 사람처럼, 죽음에 가까워질수록 죽음을 더 반기게 된다고 말한다.

이어 카토는 한 가지 비유를 덧붙인다. 집이나 배도 그것을 지은 사람이 가장 잘 해체하듯이, 자연이 과거에 결합시킨 것은

자연이 가장 잘 해체한다. 그리고 오래된 건물은 아주 쉽게 허물어지는 법이다.

목적을 성취하다

카토는 인간의 삶은 자연의 계획을 따른다는 말을 반복하며 이 주제를 마무리한다. 소년에게는 나름의 관심사가 있다. 청년의 관심사도 그와 같을까? 아니다, 청년 역시 그 나름의 관심사가 있다. 그 관심사가 인생의 다음 단계로까지 이어질까? 아니다, 그 단계에는 그 나름의 문제가 있으며 이는 노인이 갖는 관심사와도 다르다. 그리고 노인의 관심사가 하나둘 사라지면서 "천명을 다한 인생이 비로소 죽을 때를 맞이하는 것"이었다.

대화록은 영혼의 불멸성에 관한 몇 가지 고대 이론들과 카토의 최종 결론으로 마무리된다. 그 일부를 소개한다.

삶이 우리에게 주는 혜택은 무엇일까? 아니, 오히려 삶은 우리에게 노고를 주지 않던가? 삶의 실질적인 이점이 무엇이든 삶이라는 잔은 여전히 채워지거나 혹은 한도에 도달할 걸세. 나는 내가 살아온 삶을 한탄하고 싶지 않네. 여러 배운 사람들이 그러하듯 나 역시 살아온 삶에 불만이 없으니까. 나는 내가 아무런 목적 없이 태어났다는 생각이 들 삶을 살지 않았거든. 더 나아가 나는 삶을 떠날 때 집이 아닌 어느 여관을 나서듯 떠나겠네. 자연이 우리에게 내준 것은 영구적인 집이 아니라 여행중 잠시 머무르는 숙소에 불과하기 때문이지.

좋은 노년

카토의 독백은 때때로 장황하고 두서없다. 앞서와 같은 내용을 단어만 바꾸어 반복하기도 하고 즉석에서 떠오른 이야기를 하느라 별안간 다른 주제로 건너뛰기도 한다. 어쨌든 키케로는 이 대화록을 노인의 입을 빌어 풀어냈으니, 짐작하건대 이는 다분히 의도적이었을 것이다.

하지만 특정한 주제의 반복 속에서도 일관성이 있는데, 이 주제들은 노년을 사는 방법에 관한 키케로의 견해로 귀결된다고 볼 수 있겠다.

• 젊어서 시작하라: 좋은 노년을 살기 위한 토대는 젊을 때 마련된다

• 물질적 · 육체적 쾌락에 지나치게 빠져들지 않게 조심하라

• 인생의 매 단계에서 목적의식을 가져라

• 계속 일을 하라. 특히 늘 관심을 가져온 일을 손에서 놓지 말라

• 두뇌를 활발하게 사용하라. 읽고, 쓰고, 생각하라

• 기억력을 단련시켜라

• 계속 새로운 것들을 배워라

• 정기적으로 친구들과 대화를 나누어라

- 연륜에 따라 쌓인 경험을 청년들과 나누어라
- 적당한 운동과 식사와 음주를 즐겨라
- 자립심을 최대한 유지하라
- 자신의 한계를 인정하고 노년의 삶을 편안하게 받아들여라
- 죽음이 나를 기다린다는 것이 좋은 일임을 인정하라

오늘날에는 '성공적으로 나이드는 방법'에 관한 책이 넘쳐난다. 젊음에 열광하는 기술 중심의 21세기 세계가 늙음이라는 개념 자체를 거부하는 것이 그 주된 이유이리라. 키케로의 메시지는 다음과 같다. 늙음을 꼭 거부해야겠다면 그리하라. 하지만 노년이 당신에게 주는 많은 이점이 있다. 사그라지는 빛을 바라보며 분개하는 것은 더없이 낭만적일지 모르나 사실 중력에 분개하는 것만큼이나 무용한 짓이다.

이 시점에서 진부한 격언을 다시 떠올려보자. 당신의 삶에 하루하루를 더하지 말고, 당신의 하루하루에 삶을 더하라.

제8장

죽음과 장례

로마에서 해마다 대략 3만 명이 사망했을 것으로 추산된다. 대부분 매장이나 화장을 했지만 1,500명가량은 그냥 어딘가에 버리고 방치했을 것이다. 그러니 죽음은 도처에 있었다. 마르티 알리스의 글에는 길가에서 천천히 죽어가는 남자가 덮고 있던 넝마를 들추며 썩은 고기를 찾아 날아든 새들을 쫓는 장면이 등장한다.

오염

로마에서 발견된 경계석에는 아래의 문구가 새겨져 있었다. 원로원 명령으로 법무관이 승인한 이 명문(銘文)은 시신으로 인한 오염물이 도시로 흘러들지 않게 주의하라는 경고를 담고 있었다.

공고. 본 표지물을 지나 도시 쪽으로 시신을 태우지 말 것.
대변이나 시신을 투척하지 말 것.

그 밑에는 빨간색으로 이렇게 쓰여 있었다.

험한 꼴 안 당하려면 오물은 계속 갖고 가시오.

죽음은 오염을 유발하며, 시신은 위생과 종교 두 가지 관점
모두에 있어서 잠재적 위험물이라는 인식 때문이었다. 따라서
공동묘소나 시신을 버리는 구덩이, 화장용 장작더미 등은 모두
도시 경계선 바깥에 로마로 이어지는 도로들을 따라 자리해 있
었다. 지금도 아피우스 가도로 가면 도로변에 늘어선 무덤과 스
키피오나 세르빌리우스, 메텔루스 등 명문가의 기념비를 볼 수
있다. 위치를 고려하면 로마로 진입하는 여행자의 코에는 죽음
의 악취가 흘러들었으리라.

장례업
같은 이유로 장례업 사무소도 반드시 도시 경계선 바깥에 자
리해야 했다. 푸테올리시에서 발견된 아래 문구(원문을 약간 수
정했다)에 그 내용이 명확하게 나타난다.

장례업 종사자들은 반드시 도시 바깥에 거주해야 한다. 밤의 첫번째 시각이 지나면 몸을 씻어야 한다. 도시 입장은 시신 수거나 처분, 처형 집행 목적에서만 가능하며, 항상 특수한 붉은색 모자를 착용해야 한다.

이들 작업자(노예가 많았다)는 희생제의를 비롯한 공공의식에 참여할 수 없었다. 또한 죽은 사람들을 이용해 돈을 버는 장례업은 미심쩍은 업종으로 여겨졌다("이 사람들이 기도할 일이 달리 뭐가 있겠는가?"라고 세네카는 물었다). 그러니 호라티우스 발부스라는 자가 지역사회를 위해 공공묘지 터를 기부하며 "검투사, 자살자, 그리고 타락한 직종에 종사하는 사람들"의 이용을 금지시킨 것은 그리 놀라운 일이 아니다.

가슴 아픈 애도

그리스 풍자 작가 루키아노스(서기 117~180년경)는 로마제국 전역을 여행하고 아래 소개된 전형적인 비(非)지배계층의 장례식 기록을 남겼다. 망자를 비지배계층으로 파악한 이유는 직업을 굳이 밝히지 않은 사실로 미루어 비천한 일에 종사했을 것이라 짐작되기 때문이다.

여자들이 통곡하며 부르짖는다. 모두 울면서 가슴을 치고, 머리를 쥐어뜯고, 양볼을 마구 긁어 피가 흐른다. 이따금 옷을 찢어발기며 머리에 흙을 흩뿌리기도 한다. 그리하여 산 자가 죽은 자보다 가련하니, 산 자가 바닥을 구르며 땅에 머리를 찧는 동안 죽은 자는 마치 가장행렬에 나가는 듯 정성스레 꾸민 화관을 얹고 평화로운 얼굴로 높은 단에 누워 있다.

그러고 나면 돌연 망자의 어미, 어떨 땐 심지어 아비가 친척들 사이에서 뛰쳐나와 시신 위로 몸을 던진다. 장면의 비극성을 고조시키기 위해 망자가 잘생긴 청년이라고 상상해보자. 아비가 기이하고 무분별한 울음소리를 토해내니, 시신은 할 수만 있다면 당장에라도 입을 떼고 대답을 할 것만 같다. 아비는 느릿느릿 애처로이 말을 잇는다.

"사랑하는 아들아, 네가 제 명을 못 채우고 이렇게 죽어 내 곁을 떠나니 남은 나는 외롭고 슬프기 그지없구나. 결혼해서 자식을 낳고 군에 복무하고 밭에서 일을 하다 늙어야 할 네가! 넌 이제 다시는 축제에도 못 가고, 사랑도 못 해보고, 연회에 가서 젊은 친구들과 취할 때까지 마시지도 못하겠구나!"

아비가 하는 말은 대충 이러하다. (⋯) 하지만 이렇게 애도를 표하는 저 늙은이의 신파조 절규와 또다른 말들은 자기 아들을 향한 것이 아니다. 그 자신을 향해 있지도 않다. 그는 아들이 자기 말을 들을 수 없음을 잘 안다. (⋯) 아버지의 그 모든 주절거림은 그 자리에 함께한 다른 사람들을 향한 것이다.

(⋯)

바로 이 부분이 핵심이다. 과장이 얼마나 섞였는지는 알 수 없지만, 이 문장이 어느 정도 현실을 반영했기 때문에 널리 퍼진 풍자문이 되었다는 것은 틀림없는 사실이리라.

접근 금지!

많은 경우 묏자리는 상당히 넓었다. 묘지 주인들은 장례 비용을 감당할 수 없는 사람들이 땅 한 쪽을 몰래 쓰지 않을까 걱정했다. 이런 이유에서 묘의 크기가 명시된 경고문이 등장했다.

여기에 아울루스의 해방노예 푸블리우스 옥타비우스 필로무수스의 유해가 묻혔다. 죽은 부모의 신들께 봉헌되다. 훼손하지 말 것. 도로를 따라 길이 15피트에 너비 15피트임(15피트는 약 460센티미터에 해당한다—옮긴이).

간혹 경고를 위반했을 때 물어야 할 벌금을 같이 명시하기도 했다.

상조회

로마의 인구가 늘자 토지가 비싸졌다. 장의비용도 마찬가지였다. 장례를 치를 형편이 되긴 하지만 부담을 덜고 싶은 가정은 상조회에 가입했다. 회원은 가입비를 내고 매달 열리는 상조회 정찬에 참석해 월 회비를 납부했다. 어느 상조회는 300세스테르티우스짜리 장례식을 약속하면서 가입비 100세스테르티우스와 질 좋은 포도주 1암포라, 그리고 월 회비 5아스(1.25세스테르티우스)를 받았다. 6개월간 회비를 체납한 사람은 돈을 전혀 돌려받지 못하고 자동으로 탈퇴되었다.

상조회는 사교단체 역할도 했다. 유해를 안치하는 봉안당 건물 위 또는 옆에 지은 상조회 본부에서 파티나 연회가 열렸는데, 이러한 행사는 특히 추모 축제 주간(198쪽 참조)에 집중되었다.

유해는 유골함에 담아 콜룸바리움(*columbarium*, 비둘기를 뜻하는 '콜룸바'에서 유래한 말로 문자 그대로 옮기자면 '비둘기가 사는 상자, 벽에 난 구멍'이라는 뜻)에 안치했다. 콜룸바리움은 지하에 지어진 아름다운 대형 봉안당으로 스투코 천장, 프레스코 벽화, 모자이크 바닥으로 마감되었고 유골함 선반이 줄지어 있었다. 장식으로는 자유로이 뛰노는 토끼나 새, 무희 등의 형상이 많았다. 유골함에는 이름과 직업(적절한 경우)이 새겨졌다. 헌사의 성격을 띤 짧은 비문을 곁들이기도 했을 것이다. 자리를 지정해서 구입하기도 하고 '로마 단지'(가령 '4번 34호')로 제비를 뽑기도 했다. 콜룸바리움 유지 및 관리 감독을 위한 위원회도 구성되었다.

해방노예의 지위

다소 의외인 것은 유골함 3,000여 개를 보관할 수 있는 대규모 콜룸바리움 일부가 황제의 노예나 해방노예와 그 가족을 위해 지어졌다는 사실이다. 사실 로마에서 발견되는 비문의 4분의 3가량이 해방노예를 위한 것이다. 비문의 주인공으로 해방노예 비율이 이처럼 높은 것은 아무래도 로마 빈민층(인구의 대다수)이 어떤 종류로든 장례를 치를 형편이 되지 않았기 때문일 수 있다(188쪽 참조. 대조적인 사례는 196쪽 참조).

한편 노예제라는 관념을 로마 시민이 어떻게 받아들였을지도 생각해봄직하다. (i) 황제가 자기 해방노예나 노예의 장례가 제대로 치러지는지 관심을 가졌고, (ii) 그 정도로 많은 노예들이 해방되었다면, 사실상 로마의 자유인 대다수가 이전에 노예였거나 노예와 혈연관계였던 셈이다!

콜룸바리움의 비문

대부분은 아주 짧고 간단했다.

여기에 침실 몸종 펠릭스의 유해가 안치되었다.

다음 것은 조금 더 자세하다.

이 자리에 잘 안치된 핀니아 디디마의 선하고 독실한 영혼의 유골과 재는 평안하다. 티투스 핀니우스 헤르메스는 그가 지극히 아꼈으며 훌륭한 대우를 받아 마땅한 이 해방노예 여성과 자기 자신을 위해 이 기념물을 제작했다.

도시 빈민

장례를 치를 여력이 전혀 없는 가난한 사람들에게는, 몇 번이고 재사용되는 들것에 얹힌 간단한 관(산다필라[*sandapila*])이 상여 역할을 했다. 시신은 빈자들을 위해 마련된 장작더미로 옮겨졌다. 풍자시인 마르티알리스의 이야기에서 어느 거구의 갈리아인이 밤중에 숙소로 돌아가다 낙상으로 발목을 크게 다쳤다. 곁에 있던 왜소한 노예(횃불로 길을 밝히고 있었다)는 도저히 주인을 옮길 수 없었다. 그래서 노예는 지나가던 공공 노예 네 명에게 도움을 청했다. 공공 노예들은 어느 가난한 사람의 시신("장작더미로 내던져지는 수천 명 중 한 명")을 빈자들 화장터로 나르던 중이었다. 부디 주인을 그 상여에 실어 어디로든 옮겨줄 수 없겠는가? 그리하여 그들은 빈자의 시신은 버리고―아마 길가에 남겨지거나 어느 구덩이에 내던져졌으리라―거기에 갈리아인을 싣고 갔다.

도시에는 이런 시신을 내버리는 구덩이들(가로, 세로, 깊이 각각 5미터, 3.6미터, 10미터)이 파여 있었다. 짐승이나 짐승 사체, 짐승이나 사람의 배설물과 일반 쓰레기도 여기 버렸다. 어느 거대한 구덩이(50×30×9미터)―사실상 고대의 해자나 다름없었다―에는 2만 4천 구가 버려져 있었다. 어찌나 악취가 지독했던지 19세기 발굴자들이 중간중간 쉬어가며 작업했을 정도였다. 티베리스강에도 시신을 많이 버렸는데, 강물이 시신을 제거하면서 '정화'한다고 믿었다.

장례 감독관

지배계층의 장례식에는 세심한 조정과 연출이 필요했는데, 이런 일을 하는 사람이 장례 감독관이었다. 장례 감독관은 묘비, 행렬, 애도사 등을 준비하고 배우, 악사, 가수를 섭외했다. 그러니 일부 장례 감독관이 연극 제작자를 겸한 것은 그리 놀라운 일이 아니다. 따라서 이 직업에 오염의 요소가 있었음에도 적어도 일부 장례 감독관들은 정계에서 어느 정도 입지를 누릴 수 있었다. 실제로 아프로디시우스라는 사내의 비문을 보면 그는 생전에 장례 감독관인 동시에 중요한 축제를 책임지는 도시 공무원이기도 했다.

이 모든 것이 기독교의 출현과 더불어 달라졌다는 사실은 주목할 만하다. 이때부터 시신이 오염을 유발한다는 공포감이 사라졌고, 시신은 오히려 신성한 대상이 되었다.

죽음의 장면

임종시 망자는 마지막 입맞춤을 받고, 최후의 숨이 거두어지며(74쪽 참조), 이름이 크게 외쳐졌다. 그런 다음 여자들이 시신을 씻기고 기름을 바른 후 수의로 감쌌다. 입술 사이에 동전을 넣고 동전이 그 자리에 그대로 있도록 턱을 단단히 묶어주었다. 이 동전은 지하세계 뱃사공 카론에게 주는 뱃삯으로, 영혼이 스틱스강 혹은 아케론강을 건너가려면 꼭 필요했다.

이때쯤이면 대개 망자의 가면(이마고)이 이미 제작되어 있었다. 경우에 따라 이 가면을 무덤에 같이 넣어주기도 했고 가족이 간직하기도 했다. 가문의 제실(祭室)에 망자가 생전 이룬 성취의 기록과 함께 전시했던 것이다. 집의 아트리움에 시신이 놓이면 망자의 해방노예를 비롯해 대곡(代哭)을 맡은 이들이 검은색으로 차려입고 입장했다. 시신 주변에는 향을 피웠다(부패의 냄새를 제거하기 위해서였다). 때때로 장송곡을 부를 전문 가수들을 고용하기도 했다. 부유한 집안에서는 시신에 방부처리를 한 뒤 나중에 화장하기도 했지만 이후 로마제국 시대부터는 매장이 일반적이었다.

죽음은 오염을 의미했으므로, 상을 당한 가족은 여드레에 달하는 기간 동안 모든 장례의식을 끝마치고 나서 통상적인 활동을 재개했다.

장례행렬

망자가 국장을 치를 정도로 중요한 인물이 아니라면 가족이 제반 비용을 부담했다. 시신을 치장해 상여에 올리면 집안사람들이 어깨에 지고 포룸 로마눔으로 옮겼다. 포룸 로마눔에 도착하면 대개 망자의 아들이 군중 앞에서 추도 연설을 한 다음 화장 절차를 위해 로마 경계선 바깥으로 실어갔다. 이때 대곡꾼과 나팔수, 장송곡 가수, 그리고 (가족에게 이상적인 장례에서는) 구름처럼 모여든 군중이 (세네카의 표현을 따르면) 마치 개선 행진하듯 함께 걸었다. 배우들이 망자와 명망 높은 조상들의 이마고를 쓰고 함께 행진하기도 했다. 그러니 과거와 현재 구분 없이 온 가문이 망자와 함께했던 셈이다. 일반 대중은 이처럼 과거 영웅들이 호출되어 나온 모습을 보면서 어느 위대한 가문의 역사가 말 그대로 눈앞에 펼쳐지는 광경을 목격하는 듯했으리라.

기쁨의 이유

친지들의 기분이 어떻든 이날은 일부 식솔에게는 해방의 날이기도 했다. 이따금 망자가 유언장에서 일부 노예를 해방시키라고 지시했기 때문이다. 어느 풍자시인은 펠트 천으로 만든 '자유의 모자'를 쓰고 상여에 얹힌 주인을 옮기는 노예들을 '하룻시민'이라고 묘사했다. 어느 냉소적인 역사가는 주인들의 이런 행동이 선한 사람이라는 평판을 얻는 동시에 장례행렬을 따를 군중을 늘리기 위한 것일 뿐이라고 보기도 했다.

추도사

남녀를 불문하고, 어느 가문의 일원이 죽었다고 해서 지배층 가문 사이의 경쟁이 중단되지는 않았다. 그들이 사랑한 망자의 추도사는 그 어느 추도사보다 훌륭해야 했다. 도시에서 항구까지 다양한 대상을 찬미하는 방법에 관해 합당한 조언을 남긴 웅변가 메난드로스(서기 300년경)가 위대한 인물의 장례식을 주제로 제안한 원칙을 소개한다.

메난드로스는 망자를 칭송할 때 다루어야 할 항목으로 가문, 출생, 자질, 성장, 교육, 업적, 활동, 행운, 마지막으로 애도를 꼽았다. '가문'을 다룰 때 연사는 로마에서 망자보다 뛰어난 사람은 없다고 강조해야 한다. '출생'은 망자가 어린 경우 특히 중요한 항목이었다. 망자가 태어났을 때 온 가문이 얼마나 기뻐했는지, 얼마나 눈부신 희망을 품었는지, 얼마나 위대한 운명을 기대했는지 상기시킨 뒤 운명의 신이 이 모든 것을 좌절시켰다고 언급한다. '자질'은 신체적 아름다움과 정신적 재능을 다루어야 한다. '성장'은 그 사람의 발달 속도를 언급한다. '교육'은 그가 동년배 사이에서 얼마나 탁월했는지를 강조해야 한다. '품성'은 그가 얼마나 공평하고 인간적이었으며 싹싹하고 친절했는지를 다룬다.

하지만 연사가 집중해야 할 항목은 망자가 성취한 것을 다루는 '활동'이라고 메난드로스는 말했다. 행운의 여신이 평생 함께했기에 그는 부를 누리고 벗들에게 사랑받으며 위대하고 선한 자들에게 존경받았다고 강조해야 했다. 망자가 그 어떤 탁월한 인물과 겨루어도 부족함이 없음을 추도사 전반에 걸쳐 부각

시켜야 한다고 메난드로스는 말했다.

그러나 장례식에서는 단순히 망자를 칭송하는 것보다 더 중요한 일이 있었다.

과거와 현재

로마 장례식의 역사적 의의를 밝힌 이는 그리스 외교가 폴리비오스였다. 그는 그리스를 지배하던 마케도니아가 로마에 패한 뒤 기원전 167년 인질로 잡혀 로마로 압송되었다. 폴리비오스는 로마에 머물며 로마인들과 균형잡힌 법체계에 반했고, 로마가 한니발을 상대로 치른 전투에 관해 탁월한 역사서를 썼다. 그 책에서 그는 잠시 다루던 주제를 벗어나 로마 명문가 사람들이 장례식에서 조상들을 어떻게 칭송하는지 설명했다.

연사는 망자 이야기가 끝난 다음 이마고 형태로 장례식에 참석한 다른 조상들(이 가문의 위대한 과거 영웅들)의 위업과 공적을 가장 오래된 인물부터 차례대로 소개한다. 이러한 방법을 통해, 그리고 용맹한 과거 조상들의 명성을 이렇듯 반복해 상기시킴으로써 고결한 업적을 쌓은 영웅들의 명예는 불멸성을 획득하며, 한편 국가에 봉사한 이들의 명망이 그 시대에 알려져 미래 세대를 위한 유산이 된다. 그렇지만 가장 중요한 결실은, 젊은이들이 용감한 인물에게 따르는 영광을 성취하려는 희망에 부풀어 공익을 위해서라면 어떤 고난이든 감내하리라는 열의를 가슴에 품게 된다는 점이다.

역사가 주는 교훈

이렇듯 성대한 장례식이 열릴 때는 가문 사람들—특히 어린
이들—이 자기 가문의 역사를 익히는 시간을 가지는 셈이었다.
위대한 조상들이 과거에 쌓은 업적을 현재와 미래 세대가 귀감
으로 삼아 다시 한번 상기하는 기회였던 것이다. 조상들을 칭송
하는 추도사가 공개적으로, 그것도 로마 정치의 심장부인 포룸
로마눔에서 펼쳐진다는 사실은 더더욱 극적인 효과를 발휘했
다. 그들이 속한 이 가문이 나라의 판세를—그리고 미래를—
좌우하고 있다는 인상을 주었던 것이다. 한편 역사가 리비우스
는 "위업을 숭상하는 전통과 공직을 자기네의 전유물로 만들기
위해 기만적인 날조를 자행하는" 가문들 때문에 종종 역사 기록
이 왜곡된다고 지적했다.

좋은 삶

아이밀리우스 파울루스는 아주 오래된 귀족 가문에서 태어
났다(그 가문에서는 자기네가 피타고라스의 후손이라고 주장
했다). 그는 그리스를 지배하던 마케도니아를 무찌르고(기원전
168년) 막대한 부를 지닌 그리스를 로마의 속국으로 만드는 데
주요한 역할을 했다. 플루타르코스는 기원전 160년에 치러진
아이밀리우스 파울루스의 장례식을 이렇게 묘사했다.

그의 장례행렬은 뭇사람의 찬탄을 자아냈다. (…) 황금이나 상아나 화려하고 값비싼 장식품 때문이 아니라, 그의 동료 시민들뿐 아니라 그의 적들마저도 보인 호의와 존경과 감사 때문이었다.

이어서 플루타르코스는 아이밀리우스에게 패배한 많은 사람들이 서로 상여를 지겠다며 나섰다고 썼다.

그들은 아이밀리우스가 자기네 나라의 은인이자 수호자라고 크게 외쳤다. 아이밀리우스는 정복 당시 그들을 인도적으로 온화하게 대했을 뿐 아니라 그뒤로도 평생, 마치 그들이 동족이자 피붙이라도 되는 양 항상 호의와 배려를 베풀었다는 것이었다.

이것이 그 시대의 이상이었다. 승자가 되되, 적을 정복하는 데에 그치지 말고 적을 **내 편으로** 만들어라.

공공시설로서의 묘소

인구의 대다수를 차지하는 보통 사람들에겐 테라코타 단지나 함, 석판 정도로 충분했다. 하지만 여유가 있는 사람들에겐 자기가 죽고 난 뒤 묘가 잘 관리되고 일반 대중이 자기를 중요하게 여기도록 준비해두는 것이 중요했다. 어떤 사람들은 모든 것이 정확히 이행되지 않을까봐 불안한 마음에 가족에게 세세한 지시사항을 남기기도 했다. 다음은 그런 사례다.

내 소망은 지금 공사중인 추모 사당이 내 지시대로 완공되는 것이다.

사당에 벽감을 만들어 거기에 내 좌상을 두되, 최고급 수입 대리석이나 최고급 청동을 써서 만들며 높이는 최소 5피트(약 150센티미터—옮긴이) 이상이어야 한다.

벽감 바로 안쪽에 가마를 두고 그 양옆으로 좌석을 두 개씩 두는데, 전부 수입 대리석으로 만든다.

추모 사당이 개장되는 날 바닥에 펼칠 깔개를 구비해둔다. 그리고 개장일에는 융단 2장과 크기가 같은 식당용 쿠션 2개, 망토 2장과 튜닉 1장을 준비한다.

묘 앞에 제단을 두는데, 이 제단은 최고급 루나산 대리석으로 만들고 가장 세련된 양식으로 장식을 새기며 그 안에 내 유골을 안치한다.

사당의 문은 루나산 대리석 판을 쓰고, 여닫는 데 불편함이 없게 만든다.

일부 개인 사당은 겉보기에 주택 같았고, 주변에 (위의 사례처럼) 앉을 자리가 마련되어 있거나 바비큐 시설이 있었다. 장식은 주로 신화나 일상생활(특히 만찬, 207쪽 참조) 장면들을 묘사한 그림이었을 것이다. 이런 건물들은 가족 행사에 이용되기도 했지만 지친 여행객이 쉬어갈 수 있는 장소가 되기도 했다. 여러 비문에서 짐작할 수 있듯(224~225쪽 참조) 망자는 묘소가 자기에 대한 관심을 불러일으키는 장소가 되길 바랐다.

자수성가한 해방노예

부유한 시민만 이런 고가의 기념물을 세우진 않았다. 해방노예의 기념물이 오히려 더 웅장하고 솜씨 좋게 제작된 경우가 있었고, 건물 장식에 토가 차림의 망자가 가족과 함께 있는 모습이 종종 등장하기도 했다. 노예로 시작해 오로지 자신의 기술력과 재능만으로 로마 사회에서 '성공'했다는 사실을 그들이 몹시 강조하고 싶어한 것은 무척이나 당연한 일이다(키케로와 세네카 둘 다 전문 기능인들에게 존경심을 드러냈다). 크게 성공한 제빵사 에우리사케스가 그러한 예다. 에우리사케스의 웅장한 기념물(약 10미터 높이)에는 길쭉한 빈 원통(반죽 용기? 곡물 계량기? 빵 굽는 화덕?)이 네 개씩 세 줄로 세워져 있다.

장관

묘는 모양과 크기가 다양했다. 가장 인기 있는 형태는 제단이나 사당, 탑이었다. 놀랍게도 로마에는 피라미드 형태의 묘도 있었다! 하지만 황제의 묘는 크기와 웅장함 모두를 갖추고 있었다. 아우구스투스나 하드리아누스의 영묘(靈廟)가 적절한 예인데, 두 건물 모두 원형으로 지평선을 장악할 정도로 거대했다. 또한 (사실상 이 점이 핵심이다) 이러한 영묘는 비문이 아주 길었다. 달리 말해 이는 단순히 망자의 안락함을 위한 시설이 아니었다. 그보다는 동시대 사람들에게 깊은 인상을 주고 영광스러운 미래를 확보하려는 소망의 표현이라고 볼 수 있다. 그 영광된 미래에 망자의 **업적**은 불멸의 것이 되어 다음 세대에 전해질 것이다. 하지만 세네카가 말했듯, 이러한 기념물들은 결국 사라지기 마련이었다. 가치 있는 누군가에 대한 불멸의 기억을 보장하는 것은 오로지 문자 기록뿐이라는 것이 세네카의 생각이었다.

망자를 추모하다

매년 2월 13일에서 21일까지 가문의 조상(디 마네스[*di manes*], 201쪽 참조)을 기리는 축제들이 연달아 열렸는데, 첫 축제는 그 이름도 적절한 파렌탈리아(*Parentalia*, '위령제'라는 뜻—옮긴이)였다. 마지막날에는 가문의 묘에 제물을 바치고, 집안사람들이 다 같이 모여 그간 묵은 갈등을 풀고 함께 과거와 미래를 바라보았다. 한편 5월 9일, 11일, 23일에는 가문에서 장례를 치르지 못한 망자들(레무르[*lemur*])의 혼을 기리고 달랬다. 이러한 망자들에게는 이 같은 제식이 반드시 필요했다. 악의를 품은 배고픈 유령들은 바로 이 시기에 그간 머무르던 장소를 떠나 가족이 있는 집으로 돌아올 수도 있었기 때문이다.

지금까지 전해지는 어느 이야기에 따르면 한 로마인은 죽기 전 알고 지내던 사제들에게 돈을 남기며 이렇게 부탁했다고 한다. 망자 추모 축제가 열릴 때마다 자기 무덤을 제비꽃과 장미로 장식하고 무덤에 기름을 부어주며(무덤에 작은 대롱이 삽입된 경우를 볼 수 있는데 보통 이런 목적에서였다), 마지막으로 레슬링 경기를 곁들인 만찬을 열어달라는 것이었다.

지역사회에의 기증

사후에 기억될 수 있는 또다른 방법은 건설 사업이나 어린이 후원을 위한 자금을 남기는 것이었다. 이러한 기증자가 새긴 글을 보자.

그리고 내가 너그러운 마음에서 상술한 조건대로 경기장과 시(市)에 선물을 희사한 사실을 돌기둥 세 개에 새겨주길 희망한다. 하나는 시장에, 내 집 앞 벽에 고정해서 세운다. 다른 하나는 카이사르 신전 입구, 시의 성문 옆에 세워야 한다. 마지막 기둥은 시민들과 이 도시의 방문객들이 나의 너그러운 자선 행위를 알아보고 인정하게끔 경기장 입구에 세우도록 한다. (…) 이렇듯 적절하고 친절한 선물이 결실을 맺어 나는 불멸을 얻을 수 있으리라.

기독교식 장례

시간이 흐르면서 기독교인들은 일부 통상적인 관행에서 문화적으로 차이를 드러냈다. 그중 하나가 장례였다. 로마인들은 시신을 화장했다. 기독교를 옹호했던 마르쿠스 미누키우스 펠릭스(서기 200년경)에 따르면 초기 기독교인들은 "어떤 식으로든 장례를 치름으로써 시신에 생길 수 있는 손상을 두려워하진 않았지만, 매장이라는 오래되고 더 나은 관습을 따랐"는데 "모든 자연은 앞으로 있을 부활을 향하기" 때문이었다. 그는 무덤 속 시신을 이렇게 비유했다.

(그것은) 겨울나무와 같아서 겉은 앙상하나 안에 신록이 감춰져 있다. 서두르다 자칫 혹독한 겨울에 생명을 되찾을 이유가 있을까? 우리는 육신의 봄날을 기다려야 한다.

벽에 직사각형 홈을 파서 망자를 안치한 지하 묘지는 코이메테리아(*koimêteria*)라고 불렸는데 문자 그대로 '침실, 기숙사'라는 뜻이다. 시신은 예수가 그랬듯 소박한 천에 감싸인 채 부활을 기다렸다. 대리석 판이나 점토 타일로 시신을 가렸고, 바깥쪽에 망자의 이름과 기독교 상징이 표시되어 있었다.

제9장

비문과 사후세계

DM

비문은 흔히 *DM*으로 시작했다. *DM*이란 '디스 마니부스(*Dis Manibus*)'의 약어로, 사람이 죽으면 속하게 되는 다목적 집단적 신성인 '사자의 영혼들께'라는 뜻이었다. 신과 마찬가지로 영혼도 인간이 인정하는 한 존재할 수 있었다. 바로 이런 이유에서 로마에서는 일 년 내내 정기적으로 사자의 영혼을 기리는 축제가 열렸다(198쪽 참조). 예외적인 극소수의 로마인들은 완전한 조건을 갖춘 신이 되었다. 그 첫번째 사례는 율리우스 카이사르였고 제정시대 황제와 그들 가문의 일부 구성원이 그 뒤를 따랐다. 하지만 그들 같은 경우에도 이런 일이 자동으로 일어나는 것은 아니었으며 원로원에서 안건이 상정되고 승인이 떨어져야 했다.

지하세계의 영혼이 되고 싶지 않은 사람은 다양한 비밀 종교―당연히 우리는 이들 종교에 관해 아는 바가 거의 없다―를 찾아가 입회할 수 있었다. 물론 돈을 내야 했다. 그의 영혼이 사후세계에서 누릴 혜택의 보험금이었던 셈이다(230쪽 참조).

직업

비문은 자유인, 노예, 해방노예, 남자와 여자, 노인과 어린이, 위대한 선인과 비천한 악인, 심지어 돼지 등의 짐승까지 모든 사회 구성원에 관한 정보의 보고(寶庫)라 할 수 있다. 로도페라는 이름의 한 여성은 키우던 개가 죽자 "사람에게 하는 것과 똑같이" 장례를 치러주었다.

직업을 예로 들어보자. 정치나 군사 분야는 물론이고 광대에서 철물상, 교사, 희생제물 도살자, 백정, 제빵사, 건축가부터 경매인, 진주 상인, 가축상, 의사, 침실 몸종, 서기, 회계사, 공공 노예, 석공, 여관 주인, 어릿광대까지 다양하다. 다음은 어느 광대를 기념하는 비문이다.

클룰리우스의 노예였던 유쾌한 늙은 광대 프로토게네스가 여기에 눕다. 그는 광대놀음으로 아주 많은 사람들을 즐겁게 했다.

이 광대 못지않게 유쾌한 영혼이 있었음을 보여주는 무덤도 있다. 여관 주인 루키우스 칼리디우스 에로티쿠스(뜨거운 연인)와 그의 아내 판니아 볼룹타스(섹시한 여자)의 비문 첫 문장을 보자.

루키우스 칼리디우스 에로티쿠스는 생전에 자기 자신과 판니아 볼룹타스를 위해 〔이 기념비를〕 만들었다.

이 문장 다음에는 이 여관 주인과 손님의 대화가 나온다.

손님: 주인장! 계산서 주시오.
주인: 포도주 1병과 빵이 1아스, 소스가 2아스입니다.
손님: 좋소.
주인: 여자가 8아스고요.
손님: 알겠소.
주인: 노새가 먹은 건초가 2아스입니다.
손님: 그놈의 노새, 나를 아주 벗겨 먹는군!

다음은 한 경매인이 남긴 다정한 비문이다(이름은 소실되었다).

낯선 이여, 그대가 이 이름을 읽더라도 루키우스의 아들이었던 경매인 ×××를 욕하지 마시오. 그는 생전에 자신을 위한 영원한 안식처로 이곳[무덤을 뜻함]을 마련했소. 그는 자연이 자신에게 객실을 내주었다고 믿으며, 자신에게 주어진 것을 벗들과 더불어 적절히 기쁘게 누렸소. 그대도 살아 있는 동안 꼭 벗들과 함께하시길. 안녕히 가시오.

218쪽의 '집' 항목도 참조하자.

장군 스키피오

스키피오 '아프리카누스'라는 이름은 그가 기원전 202년 북아프리카의 자마에서 한니발을 물리친 장본인이기 때문에 붙여진 것이다. 위대한 선인을 찾는가? 스키피오 아프리카누스야말로 당신이 찾던 사람이다. 따라서 스키피오 가문의 사람이라면 누구나 자기가 로마의 가장 이름난 장군 중 하나인 그와 같이 위대한 인물인 것처럼 보이려고 안달했다. 다음은 기원전 3세기에 로마의 세력을 이탈리아 남부까지 확장하는 데 크게 기여한 어느 선조를 위해 이 가문 사람들이 세운 묘비에 적힌 글이다.

나이우스의 아들로 용감하고 현명했던 루키우스 코르넬리우스 스키피오 바르바투스는 드높은 명성만큼 용기도 대단했다. 그는 조영관, 집정관, 감찰관을 지냈고 타우라시아와 삼니움의 키사우나를 정복했으며, 루카니아 전역을 평정하고 거기서 인질을 데려왔다.

그가 거친 정무직과 군사적 업적을 강조하였음이 눈에 띈다.

민간인 스키피오

다음에 소개될 스키피오는 최고위 공직을 다수 거쳤지만 군사 분야보다는 법무 분야에 주로 기여했다. 기나긴 목록 뒤에 엘로기움(*elogium*, 짧막한 찬사)이 적혀 있는데, 여기서는 망자가 이 가문의 혈통에서 중요한 자리를 차지한다는 사실이 강조된다(194쪽 참조).

나이우스의 아들인 나이우스 코르넬리우스 스키피오 히스파누스는 법무관, 고등 조영관, 재무관, 군무관(두 차례)을 지냈고, 법률소송 심사 10인 위원회와 제물의식 10인 위원회의 위원을 지냈다. 나는 올바른 처신으로 내 혈족이 쌓은 미덕의 높이를 더했으며 나 자신의 일가를 이루고 부친께서 세우신 위업과 동등한 공적을 쌓으려 노력했다. 나는 조상들을 높이 칭송하여 내가 이 가문에 태어났음을 그분들이 흐뭇하게 여기도록 하리라. 나의 명예는 우리 가문의 품격을 드높였다.

다음은 스키피오 아프리카누스의 아들을 추모하는 비문으로 추정된다. 망자는 이른 나이에 세상을 떠났다. 비문에서는 단명한 망자를 최대한 칭찬하려고 노력한 흔적이 두드러진다.

유피테르 대제관〔사제직〕의 특별한 모자를 썼던 그대건만 죽음은 명예, 명성과 공덕, 영광과 재능까지 그대의 모든 것을 돌연 앗아갔다. 이 덕목들을 충분히 활용할 긴 인생이 그대에게 주어졌다면 그대는 조상들의 영광을 훨씬 능가하는 위업을 세웠으리라. 그러니 대지여, 푸블리우스의 아들 푸블리우스 코르넬리우스 스키피오를 당신의 품에 부디 기꺼이 받아주소서.

평범한 집안에서의 죽음

앞의 비문들은 마치 로마인들이 군사나 정치 업적만 중시하는 몹시 편협한 사람들인 듯한 인상을 풍긴다. 하지만 폐쇄적인 지배계층에서 시선을 돌려 보통 사람들의 실제 생활을 들여다보면 사뭇 다른 풍경이 보인다. 이번에는 좀더 낮은 신분의 가족 비문을 살펴보자.

행복한 결혼생활

플라비우스 아그리콜라는 유쾌한 사람이었던 것 같다(203쪽 참조).

내 고향은 티부르, 내 이름은 플라비우스 아그리콜라요. 그렇소, 지금 나는 살아 있을 때 만찬장에 누웠던 자세 그대로 바로 여기에 누웠소. 나는 운명의 여신이 허락한 세월 동안 늘 자신을 잘 돌보았고 포도주를 실컷 마셨소. 내 사랑스러운 아내 플라비아 프리미티바는 나보다 일찍 세상을 떠났소. 아내는 이시스 여신(229쪽 참조)을 충실히 섬겼고 나를 세심히 챙겼으며 아름답고 우아했소. 함께 산 30년 동안 우리는 행복했소. 위로가 되는 것은 아내가 자신의 몸에서 열매를 맺어 내게 아우렐리우스 프리미티부스를 남겨주었다는 사실이오. 아들은 내 무덤을 충실한 애정으로 보살펴줄 것이오. 이 글을 읽는 벗들이여, 내 조언은 다음과 같소. 포도주를 준비하시오. 머리에 화환을 두르고 술을 드시오. 아름다운 여자들과의 잠자리를 거부하지 마오. 죽으면 흙과 재가 다른 모든 것을 삼키리니.

아내가 남편에게

여기 남편을 추모하는 아내(해방노예)가 있다.

셈프로니우스 피르무스로부터 해방된 푸리아 스페스가 사랑하는 남편을 위해 이 묘비를 세웠다. 우리는 소년과 소녀로 만나 늘 서로를 사랑해왔다. 내가 그와 함께 산 세월은 너무나 짧았다. 우리의 행복은 계속되어야 했건만 어느 잔인한 손

길이 우리를 갈라놓았다. 성스러운 사자의 영혼들이여, 부디 밤의 시간 동안 제가 당신들에게 맡긴 사랑하는 남편을 지켜주시고, 그에게 호의적으로 친절하게 대해주십시오. 그리하여 제가 그를 만날 수 있도록, 또한 저도 어서 조용히 그에게 가게 해달라고 남편이 운명의 여신을 설득할 수 있도록.

이런 종류의 비문은 대개 남자를 여자보다 우선시했지만, 이 경우에는 그렇지 않다. 남편을 향한 아내의 깊은 감정이 주된 내용을 이룬다. 지위와 업적 같은 남자들의 주요 관심사는 여기 나타나지 않았다.

여자의 미덕

잘 알려진 다음 비문은 로마의 아내가 **당연히** 갖춰야 할 미덕—예의범절과 고된 집안일—을 나열한다는 점에서 남자들의 비문과 유사하다.

낯선 이여, 내 이야기는 짧으니 멈춰 서서 읽어주오. 여기 한 아름다운 여인의 아름답지 않은 무덤이 있소. 여인의 부모는 그녀에게 클라우디아라는 이름을 붙여주었소. 여인은 전심을 다해 남편을 사랑했소. 아들이 둘 있었는데 하나는 땅 위에, 하나는 땅 밑에 두었소. 여인은 함께하기 매력적이되 처신이 올발랐으며 가사를 돌보고 털실을 자아냈소. 내 이야기는 이것으로 끝이오. 가던 길을 가시오.

아래의 남편이 자기 아내를 떠올리며 쓴 여자의 미덕도 이와 비슷하다.

여기 그 유명한 셈프로니아 모스키스가 누웠으니, 충실하고 고결하며 정숙하고 겸손했던 아내의 미덕을 기려 그녀의 남편이 고마움을 표시하다.

백정 루키우스가 아내를 추모하는 방식도 마찬가지다.

나보다 먼저 죽은 그녀는 오직 하나뿐인 나의 아내로, 육체가 순결하고 내 심장을 사로잡은 사랑스러운 여성이었다. 충실한 남편의 충실한 아내로 살았고, 다른 미덕에 있어서도 똑같이 훌륭했으며, 힘든 시절에도 자신의 의무에 성실하여 결코 소홀함이 없었다.

무르디아라는 여성의 비문은 유언장 내용을 자세히 설명하는 것이 주된 내용이지만, 로마에서 '훌륭한 여성'에게 요구되던 전통적인 미덕을 압축적으로 보여준다.

내 사랑하는 어머니께서는 그 누구보다 크게 칭송받아 마땅하다. 겸손, 예의범절, 정숙, 순종, 털실 잣기, 근면, 충성심에서 그 어떤 훌륭한 여성 못지않았으며, 위험한 시기에도 미덕이나 일이나 지혜에서 단연코 으뜸이었다.

다음 비문을 쓴 남자 의사는 아내가 의술 면에서 자기와 능력이 동등했다고 칭찬했다. (오늘날이라면 모르지만) 고대에는 상당히 보기 드문 태도이다.

판테이아, 당신의 충격적인 죽음으로 달랠 수 없는 슬픔에 빠진 남편이 작별인사를 보내오. 결혼의 여신 헤라는 일찍이 당신만큼 아름답고 지혜롭고 신중한 아내를 보지 못했으리니. 당신은 나를 닮은 자식들을 낳아주었고 남편과 자식들을 잘 보살폈소. 우리 집안을 바른 방향으로 이끌었으며 의사로서 우리 두 사람의 평판을 드높였소. 또한 여자임에도 결코 나보다 기술이 부족하지 않았소. 그리하여 당신의 남편 글리콘이 당신을 위해 이 무덤을 지었으니, 영원히 기억될 우리 필라델푸스의 육신 역시 덮고 있는 이 무덤에 나 역시 눕게 될 것이오.

비문에 얽힌 이야기

사망 당시의 극적인 상황을 설명하는 비문이 많다. 군중 사이에서 깔려죽고, 전투중에 또는 바다에서 죽고, 떨어지는 기왓장에 맞아 죽고, 더러는 황소에게 죽기도 했다. 다른 비문들은 더 짧지만 역시나 그럴듯한 사연이 있다.

'레기나'

떠난 자의 영혼들께: 카투벨라우니족 출신으로 ×××년간 바라테스 팔미레누스의 해방노예이자 아내였던 레기나.

묘비 가까이 성장(盛裝)한 여자의 조각상이 세워져 있다. 여자는 목걸이와 팔찌를 착용했으며 실 잣는 도구(시대를 불문하는 충실하고 근면한 아내의 상징)와 보석함(자물쇠 달린)이 옆에 놓여 있다. 레기나(Regina)는 '여왕'을 뜻한다. 하지만 그녀는 현실적으로 여왕일 수 없었다. 그다음 단어가 '해방노예'를 의미하는 리베르타(liberta)였기 때문이다. 그러니까 그녀는 이름만 '여왕'이었던 것이다. 비문에 따르면 지금의 영국 세인트올번스시 주변에 살았던 카투벨라우니족 출신이었다. 아마도 가난한 가족을 위해 남부에서 노예로 팔린 뒤 북쪽 사우스실즈(영국 동북부―옮긴이)로 오게 되었을 것이다.

남편의 이름은 바라테스 팔미레누스로, 그 뜻을 풀면 무려 '시리아 팔미라 출신의 바라테스'다! 바라테스는 고향에서 6,400킬로미터 이상 떨어진 사우스실즈에서 대체 뭘 하고 있던 걸까? 로마군을 상대로 사업을 했다는 증거가 있는데, 아마도 군기 제조업자였던 것 같다. 당시 그곳은 로마제국의 국제 경제권역에 속했다. 그러다 자기가 사들인 노예와 사랑에 빠져서 그녀를 노예 신분에서 해방시킨 뒤 결혼한 것이다.

'여왕'은 서른 살에 죽었다. 경위는 적혀 있지 않다. 라틴어 비문 아래에 팔미라 지역 언어로 쓰인 한 문장이 있는데, 그 뜻은 이렇다. "바라테스의 해방노예 레기나, 아아!" 로마 비문들은 보통 딱딱하고 형식적이다. 바라테스는 오로지 모어로만 자신의 감정을 표현할 수 있었던 것이다.

노예에서 자유인으로

노예는 법적으로 결혼할 수 없었으나 자식은 가질 수 있었다. 다음 비문에는 루키우스라는 주인이 해방시켜준 사람들의 합법적인 결혼이 기록되어 있다. 이 비문을 세운 사람은 남편 아우렐리우스인 것으로 보인다.

비미날리스 언덕의 백정이자 루키우스의 해방노예, 아우렐리우스 헤르미아. 나보다 일찍 세상을 등진 내 아내는 육체가 순결하고 영혼이 사랑스러웠다. 나의 유일한 짝이었으며, 평생 충실한 남편의 충실한 아내로 살았다. 이기심이나 욕심 때문에 의무를 게을리 한 적이 없는 그녀는 루키우스의 해방노예 아우렐리아다.

루키우스의 해방노예, 아우렐리아 필레마티오. 나는 아우렐리아 필레마티움(작은 입맞춤)이라는 이름을 받았다. 정숙하고 겸손하며 근심 없이 살았고 남편에게 충실했다. 서럽도록 그리운 내 남편 아우렐리우스는 해방노예였다. 사실 그는 내게 부모보다도 중요했다. 남편은 내가 일곱 살 때부터 나를 돌보아주었다. 그러나 나는 이제 나이 마흔에 죽음의 손아귀로 떨어졌다. 나의 변함없고 긴밀한 지원 덕분에 남편은 사람들의 주목을 받으며 번창하였다.

사기당한 검투사?

다음은 검투사 디오도로스의 비문이다.

나는 적 데메트리오스를 꺾었으나 그를 바로 죽이지 않았다. 운명의 여신과 심판[?]의 교활한 배신이 나를 죽였다.

이 비문에 얽힌 사연은 이렇다. 결투 끝에 데메트리오스의 목숨이 디오도로스에게 달린 가운데 디오도로스는 관중의 판결을 기다렸다. 그런데 심판이 데메트리오스의 패배가 아니라는 판정을 내리며 더 싸우게 했고, 결국 디오도로스는 죽음을 맞았다. 이 비문을 세운 사람은 뭔가 더러운 뒷거래가 있었다고 확신했던 것 같다.

불행한 사건들

다음의 누군가는 타인의 저주(부록 참조)로 죽음을 맞은 듯하다.

오랜 기간 저주에 묶여 있던 그녀가 여기 누웠다. 그녀의 목
숨은 강제로 자연에 되돌려졌다. 사자의 영혼과 하늘의 신들
이 죄인에게 복수하리라.

다음의 경우는 실제로 사고가 벌어졌다.

누군가 분별없이 무심코 던진 무기 모형이 내 머리로 떨어져
정수리에 박혔다.

다음 비문의 영웅은 자신의 경솔한 행동에 대한 값을 치렀다.

DM: 그리고 영원히 기억에 남을 트레브 출신의 루키우스 세
쿤두스 옥타비우스에게. 그는 지극히 비참한 최후를 맞았다.
불길을 피해 반벌거숭이로 도망쳐나온 그는 자신의 안위는
생각지 않고 화염으로부터 무언가를 구하려 했다. 결국 벽이
무너지며 그를 덮쳤고, 그의 공동체적 영혼은 자연으로, 육신
은 그 기원으로 돌아갔다.

승자들
어떤 비문들은 내용이 매우 자세한데, 역경을 극복하고 성공

적인 삶을 산 경우 특히 그렇다. 다음의 누미디아 농부가 그런 예다.

나는 가난한 부모 슬하에 태어났다. 아버지는 평생 수입이 없었고 자기집도 없었다. 나는 태어나서 줄곧 밭일을 했다. 내겐 땅도 휴식도 없었다. (…) 나는 살던 동네를 떠나 12년간 뜨거운 태양 아래에서 남을 위해 곡식을 추수했고, 11년 동안 누미디아 들판에서 옥수수를 거두며 일꾼들 사이에서 대장 노릇을 했다. 힘들게 일한 덕분에 그리고 아주 적은 것에도 만족했기에, 나는 마침내 내 집과 땅을 갖게 되었다. 지금은 안락하게 지내며 명예도 얻었다. 우리 도시의 원로로 추대되었고, 한때 촌놈에 지나지 않았던 내가 감찰관이 되었다. 나는 내 자식과 손주 들이 자라는 것을 곁에서 지켜보았다. 전반적으로 내 삶은 늘 분주했으며 평화롭고 명예로웠다.

다음의 군인은 자신의 성취를 과시했다.

나는 한때 판노니아 강가(다뉴브강 이남) 부근에서 이름을 떨친 사람으로, 바타비아에서 온 장사들(게르만족) 1천 명 사이에서 으뜸이었다. 황제가 친히 지켜보는 앞에서 완전무장한 채 깊고 넓은 다뉴브강을 헤엄쳤으며, 먼저 쏜 화살이 땅에 닿기 전에 두번째 화살을 쏘아 반으로 갈라놓았다. 투창에 있어서는 로마군이나 야만족의 병사도, 활에 있어서는 페르시아의 궁수도 나를 이기지 못했다. 나는 내 공적을 새긴 이 비석과 함께 여기 눕는다. 내 뒤를 이어 누가 나의 성과들을 재연할 수 있을지는 이 비석이 지켜보리라. 하지만 이 모든 일을 최초로 한 장본인은 나이기에, 나 자신의 모범은 오로지 나뿐이다.

패자들?

또다른 비문에서는 살짝 신랄함이 느껴진다.

그는 주어진 삶을 구두쇠로 살았다.
재산을 아꼈고, 자기 자신조차 시샘했다.
그가 장인 조각가에게 주문하길, 자기가 죽으면
여기 명랑하게 누워 있는 자기 모습을 창의적으로 만들어달란다.

다음 비문을 쓴 사람(죽은 이의 아버지로 짐작된다)은 그가 받고 있던 사기 의혹을 덮으려 한다(입양에 관해서는 74쪽 각주 참조).

여기 노예로 태어나 훗날 가이우스 라비우스 파우스투스의 아들이 된 비탈리스 눕다. 나는 아버지의 집에서 노예로 태어났다. 16년을 살았고 점원으로 일했다. 유쾌하고 인기가 많았지만, 신들은 나를 갑작스레 데려갔다. 여행자여, 그리고 나그네여, 혹여 내가 잔돈을 덜 거슬러주어 아버지에게 이문을 남겼다면 부디 나를 용서해주오. 그리고 저 위와 저 아래 신들의 이름으로 부탁하노니, 부디 아버지와 어머니에게 친절하고 정중하게 대해주오. 안녕히 가시오.

비문에 등장하는 주요 주제

시인 오비디우스는 위대한 음유시인 오르페우스의 신화를 다시 쓴 바 있다. 오르페우스는 사랑하는 에우리디케를 되살려 지상에 데려오려고 지하세계로 내려간다. 자신이 가진 노래의 힘으로 지하세계를 지키는 무시무시한 문지기들의 마음을 사로잡길 바랐던 것이다. 다음은 오르페우스가 부른 노래의 일부다.

우리는 모든 것에서 **당신에게 빚을 졌어요**. 우리는 이곳에 잠깐 머무르다 머지않아 당신의 **쉼터를 찾아 떠나지요**. 인류를 지배하는 당신의 오래된 제국이 언제까지나 지속되는 한, 우리 모두는 **우리의 마지막 집인 그곳으로 갈 수밖에 없어요**.

굵게 강조된 부분들은 비문에서 흔히 발견되는 전형적 주제다. 죽음은 되갚아야 할 빚, 여행, 필연, 최후의 집에 비유된다.

이 주제들이 등장하는 비문을 모아보았다. 화살표는 비문의 한 줄짜리 발췌, 또는 더 긴 발췌문의 첫 줄이라는 뜻이다.

빚

삶은 꾸어온 빚이며, 그렇기에 우리는 죽음에 부채를 졌다는 관념이 이런 주제 중 하나다. 우리는 비문에서 아래와 같은 문장들을 만난다.

→ 그대가 물으니 내 말하리라, 불공평한 빚쟁이가 만기도 차기 전에 빚을 회수했노라고.

→ 자연이 준 것을 자연이 되찾아갔다.

여행

비문에는 상대적으로 덜 등장하지만, 삶은 죽음으로 가는 길 또는 여정이라는 것 역시 흔한 비유다.

→ 이 길은 사람이면 누구나 가는 길이다.

→ 나의 여정은 25년간 지속되었다.

집과 여관

무덤이나 지하세계 같은 영원한 안식처와 대조되는 지상의 임시 거처라는 의미에서 쉼터, 집, 여관이 자주 등장한다.

→ 이 집(즉 무덤)은 영원하나니, 나는 여기에 누웠고 언제까지나 여기에 있으리라.

로마인에게 집은 의미가 컸기 때문에 무덤은 좋은 대체물이 될 수 있었다.

→ 여기 우리의 집이 있으니 우리는 여기서 함께 살리라.

그런 면에서 다음과 같은 생각은 사람들에게 위안이 되곤 했다.

→ 나의 후손들이여, 이것은 나의 영원한 집, 고된 노동으로부터의 휴식이다.

무덤은 여관이 되기도 했다.

→ 친절한 땅이 유골에게 여관을 내어준다.
→ "여기가 당신이 머물 여관이오." "내키지 않지만 내 왔소. 와야만 하니까."

그런데 가끔은 삶이 여관이기도 했다.

부유한 사람은 집을 짓고, 현명한 사람은 묘비를 세우나니,
전자는 육신의 여관이요, 후자는 육신의 집이라.

다음 비문은 이 은유를 활용해 너스레를 떤다.

사람한테 필요한 건 전부 다 있소. 유골이 달콤한 휴식을 취
하는 이곳에서 나는 갑자기 먹을 게 떨어질까 걱정하지 않는
다오. 관절염으로 아프지도 않고, 집세가 밀릴 염려도 없지.
사실 이 셋방은 만기가 없다오. 게다가 공짜!

필연
누구나 결국엔 이 길을 간다는 생각은 어느 정도 위로가 되었다.

→ 필멸의 존재인 우리는 모두 같은 운명에 처해 있다.
→ 우리 모두는 한집에 살며, 그 누구도 여기서 빠져나갈 수
없다.
→ 여행자여! 당신이 그랬듯 나도, 내가 그랬듯 만인도.

비문에서 흔히 발견되는 모티프는 이 밖에도 한없이 많다. 몇
가지 더 살펴보자.

대조

가장 가슴 뭉클한 것은 삶의 활력과 죽음의 공허함을 비교·대조한 비문들이다.

→ 양볼에 생기를 띠고 피어나는 젊음 속에 스무 해를 산 나는 군인이었다. 하지만 이제 그 군인은 먼지가 되었다.

→ 나의 충실한 아내, 사랑하는 사비나가 이 비석 아래 눕다. 그녀는 남편보다 기술이 뛰어났고
목소리는 달콤했으며, 리라를 연주했지만
죽음이 느닷없이 그녀를 데려가버렸으니, 그녀는 이제 침묵할 뿐이다.

신들, 죽음, 운명의 여신과 행운의 여신

죽음의 이유가 불투명할 때 사람들은 종종 다양한 외부의 힘 중 하나를 탓했다.

→ 죽음이 돌연 그를 낚아채갔다.

→ 질투 많은 플루톤〔지하세계의 신〕이 그를 채어갔다.

→ 인간의 예측 불가능한 운명을 관장하는 행운의 여신……

→ 돌이 내 유골을 덮습니다. 좋소이다. 행운의 여신이여, 안녕히 가십시오.

→ 행운의 여신이여, 이 무덤이 마음에 드십니까?

→ 운명의 여신이 부르면 그 누구도 저항할 수 없다.

→ 질투 많은 운명의 여신 때문에 우리의 모든 기도는 허사가 되었다.

→ 나는 원하는 대로 살았다. 내가 왜 죽었는지는 알 도리가 없다.

여기서 드러나는 인상은 두 가지다. 첫째, 죽음은 종종 완벽한 수수께끼며 우리를 설명할 수 없는 어렴풋한 힘으로 붙들어 무력하게 만든다는 것이고, 둘째는 그러한 힘이 해로우며 그것을 지탱시켜주는 비밀을 어떻게든 풀지 못하면 당신을 잡아간다는 것이다.

그래서 일부 비문은 이런 사고방식이 불러오는 정신적 괴로움을 피하고 오히려 죽음을 반가운 것으로 표현했다(220쪽 참조).

→ 나는 질병으로 인한 장애와 삶의 지대한 악으로부터 벗어났으니
이제 형벌에서 해방되어 평화와 고요를 누리리라.

어느 전차 경주자는 죽는 게 소원이었다고까지 말하지는 않지만 이렇게 표현했다.

→ 나는 반환점 모퉁이에 충돌했다―꽤 괜찮은 죽음의 방식이었다. 심각한 사고이긴 했지만, 나는 늘 기도했던 방식으로 죽었다.

남은 사람들을 향한 위로

또다른 흔한 모티프는 자기 때문에 슬퍼하지 말라는 망자 개인의 호소이다.

→ 벗이여, 내 묏자리에서 슬퍼 마오.
세월이 서둘렀고, 운명이 내 최후를 가져왔소.
→ 나를 잃었다고 어째서 한탄합니까? 운명의 질서는 어지럽지 않습니다.
인간의 일은 사과열매와 같으니
무르익어 저절로 떨어지거나 누군가 너무 이르게 따거나 둘 중 하나입니다.

적어도 망자에게 장례를 제대로 치러주었다고 주장하는 사람도 있었다.

→ 충실한 친구가 당신을 위해 이 묘비를 세웠으니
나는 나의 마지막 의무를 이행했습니다.

다음의 절절한 비문은 도입부에서는 전통적인 방식을 따르지만, 중간에 화자가 망자인 아길레이아 프리마로 바뀌어 자기 남편을 위로한다('내가 어머니 뱃속에 생겼을 때'부터).

→ 영원한 아내, 가장 정숙하고 겸손하고 검소했으며 남편과 그의 집과 그의 모든 소유물을 천진스레 사랑했던 여자. 그녀의 남편 퀸투스 오피우스 세쿤두스가 자기 자신과 이만한 대우를 받아 마땅한 망자를 위해 이 묘비를 세우다. 내가 어머니 뱃속에 생겼을 때 자연은 내게 스무 해를 주었고, 스무 해가 차고 그뒤로 이레가 지나자 나는 [사람을 삶에 묶어두는] 법에서 풀려나 끝나지 않는 휴식을 얻었습니다. 내게 주어진 것은 이러한 삶이었으니, 오피우스, 레테[지하세계의 강]를 두려워 말아요. 항시 죽음을 두려워하다 삶의 기쁨을 잃어버리는 것은 어리석은 짓이니까요. 죽음은 자연의 일일 뿐 인간에게 내려진 형벌이 아니랍니다. 그러니 태어난 사람은 누구나 죽음을 맞습니다. 나의 주인 오피우스, 나의 남편이여, 내가 당신보다 먼저 떠났다고 슬퍼하지 말아요. 나는 영원한 부부의 침대에서 당신이 도착할 날을 기다립니다. 남은 이들이여, 잘 지내시오. 다른 모든 남성과 여성이여, 잘 지내시오.

동정심에 호소하다

묘는 도시 외곽에 마련되었기 때문에, 도로변에는 비석이 줄

지어 서서 나그네들의 눈길을 끌었다. 일부 비문에는 이들의 관심을 청하거나 관심을 가져주어 고맙다고 인사하는 글귀가 있었다. 지나가는 이들의 관심을 불러일으켜 자신들을 기억하게 하려는 한 가지 방편이었으리라.

→ 혹여 진창이나 흙먼지 때문에 발걸음이 느려졌다면, 또는 더위나 목마름이 그대를 세웠다면, 여행자여, 이 글을 읽어주시오.

→ 손님이여, 이 쉼터에 멈춰주어 고맙소. 건강히 잘살고, 근심 없이 주무시오.

→ 죽은 나를 위해 무엇이든 소원을 빌어주는 사람이 있다면, 그이도 살아서나 죽어서나 똑같이 그 복을 받길 바라오.

가끔은 나그네가 눈물을 흘려주길 청하기도 했다.

→ 그대도 언젠가 죽을지니, 이 글을 읽으며 눈물을 참지 마시오.

두 연인이 함께 묻히면 그것이 위로가 되기도 했다.

→ 행복한 한 쌍이여! 죽음에 영광이 있다면 바로 이것이다. 생전에 침대가 그랬듯이 이제는 무덤이 그대 둘을 함께하게

해주나니.

시인이 본 사랑과 죽음

연인과 사랑을 나누길 갈구하는 열정적인 시인은 두 사람의
관계가 특별하다고, 사적이고 은밀하며 지금까지 그 누구도 경
험해보지 못한 관계라고 주장하곤 했다. 또한 도처에 죽음이 있
으니 연인이 아직 젊고 탐스러운 이때 이 관계를 최대한 즐기자
고 설득했다. 로마 시인 카툴루스가 말했듯 "우리의 짧은 빛이
스러지면 그저 영원한 잠의 밤이 있을 뿐"이었다(그러니까 사
랑을 나누는 밤 대신).

고대 시인들은 이러한 테마를 발전시켜 훗날 자신의 장례식
이 어떤 모습일 것이며 지금의 애인은 장례식에서 어떻게 반응
할지 상상해보길 좋아했다. 가족과 친구와 친척이 모여 나팔을
울리고 행렬을 지어 걷는 일반적인 형태의 장례식(189쪽부터
참조)을 시인은 거부했을 것이다. 그보다는 가난한 사람의 사적
인 의식을 바랐으리라. 사랑하는 사람 혼자 참석하는 장례식.
애인은 흙이 시인을 부드럽게 덮어주기를, 죽은 시인의 그림자
가 자신을 여전히 사랑해주기를 기도하고, 시인의 무덤이 말하
는 것은 그가 오로지 한 여인만 사랑했다는 사실뿐인 그런 장례
식 말이다.

애인의 부름을 받은 시인 프로페르티우스는 그녀를 찾아가
는 길에 누군가에게 살해당하는 상상을 했다. 만일 그리된다면

애인은 향수와 화환을 가져와 그의 무덤을 지키리라. 그는 애인에게 자신을 길가에 묻어달라고 청하지 않았다. 그러면 무덤을 함부로 대하는 끔찍한 폭도들에게 짓밟히리라는 것(68쪽)이었다. 아니, 시인은 나무가 녹음을 드리우는 숲속이나 모래언덕 사이처럼 소란한 무리에게서 멀찌감치 떨어진 외딴곳에 묻혀야 했다. "도로변에 이름을 전시하는 것은 내게 아무런 기쁨도 가져다주지 않으리니."

시인의 환상 속에서 그는 죽어서까지도 은밀한 사랑을 했고, 그의 장례는 오로지 한 사람이 (남다르게) 치러주어야 했다. 그리하여 그의 장례식 또한 전통적인 요란함은 완전히 배제된 특별한 의식이 될 것이었다.

죽음: 끝일까, 전환일까?

죽음을 끝으로 보는 관점

사후세계 문제를 다룰 때 현대인은 흔히 성서처럼 '권위 있는' 텍스트를 읽으며 고개를 끄덕인다. 따라서 이 문제에 관한 고대인의 유연하고 개방적인 믿음과 관습은 우리에게 퍽 이상해 보일 수 있다. 그들은 각자 믿고 싶은 대로 믿었던 것 같으니 말이다.

에피쿠로스주의 철학자 루크레티우스(기원전 1세기)는 이 문제와 관련해 일말의 의심도 없었다. 루크레티우스가 보기에 세상과 인간과 신은 모두 원자로 이루어져 있었다. 신들은 우리가 살든 죽든 별 관심이 없었다. 그는 이 문제를 결론짓고자 영혼의 **필멸성**을 증명하는 29가지 근거를 정리했다. 그러니까 우리는 원자에서 와서 원자로 돌아가며 그게 전부라는 것이었다. 루크레티우스는 가히 종교적인 열성을 드러내며, 인간은 살아 있는 육체의 영향을 너무 많이 받는 탓에 다음의 사실을 깨닫지 못한다고 주장한다.

현실적으로 사람에게는 죽으면 자기가 생명을 박탈당했음을 서러워하거나, 자기 몸이 찢기거나 태워지는 것을 바라보고 서서 슬퍼할 다른 자아라는 게 존재하지 않는다.

이어 루크레티우스는 묻는다. 죽은 뒤에 산짐승에 뜯어먹힐까 걱정하면서, 어찌해서 화장되거나 차가운 대리석 판에 눕혀지거나 무거운 흙더미에 깔리는 것은 두렵지 않단 말인가?

지배계층 사람들은 대중과 달리 대지를 떠도는 사자의 원혼이나 사후의 고통 따위를 좀처럼 믿지 않았다. 키케로는 "죽은 자가 아직 살아 있다"고 믿는 사람들을 가리켜 인과율에 무지하거나 헛것에 홀렸으리라고 했다. 망자가 삶의 안락함을 박탈당했다고 믿거나 지하세계에서 영혼이 고통을 받는다고 생각하는 사람들도 비이성적이긴 마찬가지였다. 키케로는 이런 믿음으로 인해 치러지는 의식에 관해 재담을 남기기도 했다. "슬프다고 머리카락을 쥐어뜯는 행동은 참으로 어리석다. 대머리가 된다고 슬픔이 덜어질 리 있으랴." 대 카토(키케로의 저작에서 인용, 177쪽 참조)와 소크라테스(133쪽)는 이 문제에 관해 희망적인 불가지론적 관점을 보였다.

세네카는 우리가 행복하게 살려고 노력하듯이 죽을 때도 행복하게 죽을 수 있도록 노력해야 한다고, 다시 말해 죽음을 기쁘게 맞아야 한다고 결론지었다. 불가피한 운명과 싸우려 드는 것은 무의미했다. 그러한 시도는 죽음의 순간을 비참하게 만들 뿐이었다. 세네카는 말했다. "우리를 삶과 묶어주는 끈은 단 하나뿐이니, 바로 삶에 대한 사랑이다."

사후세계를 믿는 관점

호메로스의 작품에서 영혼('프시케')은 살아 있는 실체가 아니라 단순히 죽은 사람의 허상(虛像)이다(아래 참조). 영혼이 사후의 **삶**을 누린다는 개념이 처음 등장한 것은 오르페우스를 숭배하는 종교집단에서였던 듯하다. 이 집단에 속한 철학자로 피타고라스(기원전 6세기)가 있는데, 그는 영혼이 죽지 않고 인간이나 동물로 환생한다고 믿었다(따라서 엄격한 채식을 옹호했다). 이집트 신화의 이시스 여신은 그리스와 로마에서 어머니 여신 데메테르와 비슷한 숭배를 받았는데, 데메테르는 달과도 연관이 있었다. 이시스 숭배자들은 더 즐거운 사후세계를 누릴 것이라고 약속받았다. 로마인들 사이에서 보통 태양신으로 통했던 인도와 이란의 신 미트라도 로마제국에서 인기를 끌었다. 이 비밀 종교(그리스어로 무스테리아[*musteria*] 즉 '비밀 의식')는 새로운 입회자에게 사후 천국에 입성할 수 있다고 약속했던 것으로 보인다.

비문에 나타난 관점

비문을 보면 여러 의견이 섞여 있었다. 철학 사상에 기울어 있던 어떤 사람은 다음과 같이 죽음을 자축했다.

→ 나는 살아 있는 동안 삶과 죽음이 무엇인지 가르쳤고 그렇기에 영혼이 누리는 영원한 기쁨을 안다.

다음의 망자는 사랑하는 사람과의 재회를 소망한다.

→ 그리고 마침내 그대를 다시 만난다는 사실이 위로가 되겠지요.
내가 죽으면 당신 환영의 그림자가 되어 당신과 함께하겠습니다.

반면 사후세계가 있을 가능성을 의심하는 문구도 아주 흔하게 등장한다.

→ 과연 사자의 영혼이라는 것이 존재한다면, 부디 당신을 덮은 흙이 가뿐하기를.

이 정서는 다양한 양상을 띤다.

→ 그대가 누구든, 행운의 여행자여, 이렇게 빌어주는 것이 그리 어렵지 않으리라. '만일 사자의 영혼이 사후에 정말로 무언가를 안다면, 안토니우스와 프로쿨루스의 유골이 편히 눕게 하소서.'

그리고 급기야 불멸의 소망 따위는 조금도 비치지 않는 비문도 등장한다.

→ 그날 그 시간을 위해 사시오. 그것말고는 아무것도 없소.

폼페이아의 죽음도 비슷한 방식으로 기려졌다. 그토록 많은 것을 약속하는 듯했던 행운의 여신이 실은 얼마나 마구잡이로 움직이는지 강조하는 것에 주목하자.

→ 여기 장녀 폼페이아의 유골이 누웠다.
운명의 여신은 많은 이에게 약속을 하지만
정작 보장된 것은 아무것도 없다.

그날을 위해 살고, 그 시간을 위해 살라
그대만을 위한 것은 아무것도 없으니까.

다음 글귀는 비문을 읽는 만인에게 호소한다.

→ 우리는 무(無)다. 우리는 반드시 죽는다. 이 글을 읽는 이
여, 뒤돌아보라
우리가 얼마나 빠르게 무에서 무로 물러나는지.

훨씬 더 유쾌한 비문도 있다(207쪽 참조).

→ 이 글을 읽는 벗들이여, 내 조언은 다음과 같소. 포도주를
준비하시오.
머리에 화환을 두르고 술을 드시오.
아름다운 여자들과의 잠자리를 거부하지 마오.
죽으면 흙과 재가 다른 모든 것을 삼키리니.

다음 비문은 아주 간결하다.

→ 나는 없었다, 나는 있었다, 나는 없다, 나는 상관 않는다.

대중적 정서

금언이나 속담에 나타난 정서는 덜 희망적이었다. '우리를 고통스럽게 하는 것은 죽음이 아닌 죽음에 대한 태도다'라든가 '행복하게 살 때가 가장 죽기 좋은 때다' 같은 격언은 아주 드물었다.

흔하게 보이는 건 우울한 금언들이었다. '인생은 짧다. 괴로움에 휩싸여 있다는 점만 빼면.' '죽음이 삶의 괴로움을 끝낸다면 죽음은 인간에게 좋은 것이다.' 이는 모두 한 가지 명제로 귀결된다. 삶은 위험하고 괴롭지만, 이것이 우리가 가진 전부니 삶을 최대한 즐기라는 것. 다음 비문은 설명이 따로 필요 없다.

목욕, 음주, 섹스는 우리 몸을 타락시킨다.
하지만 목욕, 음주, 섹스는 삶을 아주 좋은 것으로 만든다.

노년을 보는 시각도 우울하기는 마찬가지였다. 노년은 의미 없고 쓸데없으며 바보 같고 불가해했다. 그러니 뭐하러 애써 선하게 살겠는가? 노년의 지혜란 오로지 지배계층에게만 해당되는 자질로 간주되었다.

기독교식 비문

기독교가 사후세계를 약속하면서 비기독교도의 죽음관은 근본적으로 바뀌었고, 이러한 변화는 비문에도 나타났다. 하지만 여전히 일부 비문에서는 마치 **반사작용**처럼 전통적인 '이교도식' 유형을 볼 수 있다.

> → 남편의 죽음에 눈물을 흘리지 마오,
> 죽음을 대가로 영생을 얻은 사람을 두고 서러워 마오.
> → 페트로니우스, 그대는 내 육신을 땅에 주었으나 내 영혼은 그리스도에게 주었답니다.
> → 만물의 주님과 나사렛 예수의 이름으로 청하노니, 부디 내 무덤에 손대거나 침범하지 마시오. 안 그러면 영원한 심판자의 재판소에서 내게 맞서 사유를 진술해야 할 터이니.

다음 비문에서는 이교도식 세계관을 확실히 부정한다.

> → 그리스도 안에서 죽은 이가 정신력과 더 확실한 빛의 경험을 되찾는다면, 타르타로스(그리스 신화 속 지옥─옮긴이)나 킴메리오이족(호메로스의 서사시에서 저승 입구에 산다는 전설상의 부족─옮긴이)의 호수에 이르지 않으리라.

하지만 다음 비문에 등장하는 '낙원'은 분명 고전적인 분위기를 띤다.

> → 우울한 에레보스(그리스 신화 속 어둠의 신─옮긴이)는

없다. 죽음의 창백한 이미지도 없다. 안전한 평화가 그대를 에워싸며, 행복한 영혼들 사이에서의 즐거운 춤과 올바른 이들의 유쾌한 장소가 있을지니.

이교도의 영향을 받은 사례는 이 외에도 많다. 심지어 이따금씩 마네스(로마 신화 속 선량한 망자들의 영혼―옮긴이)가 언급될 정도이니까! 하지만 당연히 이런 비문은 시간이 흐르면서 서서히 자취를 감추었다.

지하세계의 이미지

경전 같은 것이 따로 없었기 때문에, 그리스인이나 로마인 들이 우리에게 제시하는 지하세계의 이미지는 그들의 머릿수만큼이나 다양하다. 말 그대로 지하에 있을 수도 있고, 세상 끝에 있을 수도 있었다. 단죄나 지복(至福)의 장소, 또는 그 둘 사이의 어떤 곳일 수도 있었다. 비밀 종교에서는 신규 입회자에게 '지복'을 장담했고, 일부 사상가들은 악랄한 죄를 저지를 자는 죽은 뒤에 벌을 받는다는 견해를 보였다.

사자들 사이의 오디세우스

호메로스의 『오디세이아』(기원전 700년경)에는 서구 문화 최초의 지하세계 묘사가 등장한다. 오디세우스는 죽은 예언자 테이레시아스에게 조언을 얻길 바랐다. 그는 아직 지하세계에 내려가지 않았으며 기나긴 여정을 마치고 겨우 입구에 당도한 터다. 거기서 그는 짐승들을 희생해 그 피로 구덩이를 채운다. 그러자 사자들의 혼백이 모여들어 피를 마시고, 그제야 그들의 말문이 트인다.

먼저 오디세우스는 옛 전우와 대화를 나누고 이어 테이레시아스, 마지막으로 어머니와 이야기를 주고받는다. 그런 다음 지하세계의 여신은 (이유는 언급하지 않고) 오디세우스가 죽은 여자 한 무리—이름을 밝힌 열두 명과 그 외 여럿—의 사연을 듣거나 그들에게 말하게 한다. 이 장면이 끝나면 여신이 여자들을 사방으로 흩어버리고, 오디세우스는 트로이아 전쟁의 전우들과 대화를 재개한다. 그중에는 아킬레우스(아래 참조)도 있다.

그러다 예고 없이 신화 속 영웅들이 무리지어 나타나는데, 이들은 피를 마실 필요가 없었다. 그중 세 명은 고통스러운 벌을 받고 있으며, 마지막에 헤라클레스가 온다. 오디세우스가 이들과의 만남을 묘사한 내용으로 볼 때 그는 갑자기 지하세계 **안**에 들어와 있는 것처럼 보인다.

전반적으로 구성이 어수선하고, 강령술(죽은 자를 소환하는 기술)과 지하세계에서의 모험담이 뒤죽박죽 섞인 인상이다. 어쨌든 마지막 장면을 제외하면 딱히 지하세계를 단죄나 영원한 지복의 장소로 암시하는 대목은 없다. 오디세우스의 어머니가 그에게 말해주듯, 지하세계는 "영혼이 [화장 장작더미에서] 꿈처럼 빠져나와 팔랑대며 날아가는 곳"이었다.

아킬레우스의 혼백과 오디세우스

절친한 전우 페트로클로스와 함께 나타난 아킬레우스는 오디세우스가 "사자들이 육신을 떠나 아무런 의식도 없는 혼백들로 사는 이 하데스의 영역[지하세계를 말한다. 사실 오디세우스는 아직 지하세계에 내려오지 않았지만 이것은 크게 중요치 않다]에 감히 내려왔다"는 사실에 놀라워한다. 오디세우스는 테이레시아스의 조언을 구하러 왔다고 설명하고는 아킬레우스에게 당신은 필시 "사자들을 호령하며 지낼" 테니 자신의 운명을 너무 슬퍼하지 말라고 위로한다. 그러나 아킬레우스는 그 말을 받아들이지 않는다.

나를 상대로 죽음에 관해 그럴싸한 말을 늘어놓지 마시오, 영광스러운 오디세우스. 나는 차라리 어느 땅 없고 가난한 농사꾼이 빌린 농노가 되어 밭이라도 갈고 싶소. 자, 이제 내 훌륭한 아들 소식이나 들려주시오. 내 아들이 나를 본받아 지휘관으로 전쟁에 나갔소?

그리스의 가장 위대한 전쟁 영웅 아킬레우스가 이해한 죽음이란 바로 **이런 것**이었다. 차라리 농노로, 즉 아무것도 아닌 자로라도 **살아서** 위대한 업적을 세울 기회를 갖는 것이 아무 의욕

없는 잿빛 존재가 되는 것보다 나았다. 오디세우스는 아킬레우스의 아들 네오프톨레모스가 빼어나게 잘 싸웠다고 말해준다.

내가 이렇게 말하자, 발 빠른 아킬레우스는 아들이 명성을 얻었다는 소식에 몹시 기뻐서 그 자리를 떠나 수선화 핀 풀밭을 성큼성큼 가로질러 갔다.

참으로 인상적인 장면이다. 하데스에게 거세당한 처지임에도 자기 아들이 전쟁 영웅으로 활약했다는 소식에 — 진정한 그 아버지의 그 아들이다 — 여전히 기뻐할 수 있으니 말이다. 그것이 삶이었다, 오로지 그것만이 삶이었다!
호메로스가 그려낸 지하세계는 이쯤에서 마무리를 짓자.

지하세계로 간 아이네아스

서사시인 베르길리우스(기원전 70~19년)가 『아이네아스』 — 트로이아 전쟁의 영웅이자 로마인의 신화적 선조 아이네아스에 관한 서사시 — 에서 그린 지하세계는 전혀 다른 모습이다. 아이네아스는 죽은 아버지 앙키세스에게 조언을 구하려 한다. 아이네아스를 지하의 하데스에게 안내하는 이는 예언 능력이 있는 여인 시빌라다. 이 부분은 다음과 같이 시작된다.

유피테르가 하늘을 가려 검은 밤이 만물의 색을 앗아가면 사람들이 깜빡이는 달의 사악한 빛에 의지해 숲속을 걷듯, 그들은 외로운 밤의 암흑 속에서 그림자에 에워싸인 채 디스 신의 텅 빈 저택들과 황량한 왕국을 가로질러 걸었다.

오르쿠스 신의 저택으로 가는 통로 그러니까 지옥으로 들어가는 문턱에는 '슬픔'과 '복수'가 잠자리를 폈고, 절망에 빠진 '노년'이 산다. 그 주변에는 흰 얼굴의 '질병', 인간들을 타락시키는 '두려움'과 '배고픔', 지저분한 '가난'이 있는데 그 몰골이 끔찍하다. 그 옆에 '죽음'과 '고역(苦役)'이 있고, 문턱에는 '죽음'의 누이인 '잠'과 비뚤어진 '쾌락'들과 살기등등한 '전쟁'이 다리를 벌리고 걸터앉아 있다. 쇠붙이로 된 방에는 '복수'의 여신이, 그리고 독사들로 이루어진 머리칼을 피에 젖은 끈으로 동여맨 채 발광하는 '불화'가 있다.

방 한가운데에는 거대한 짙은 색 느릅나무가 해묵은 가지를 내뻗고 서 있다. 게으른 꿈의 쉼터라고 일컬어지는 이 가지엔 이파리마다 꿈이 하나씩 매달려 있다. 이곳엔 갖가지 괴물도 있다. 문 안쪽에 자리를 잡은 켄타우로스, 스킬라들(반은 개고 반은 여자다), 머리가 수백 개 달린 브리아레오스, 사납게 쉭쉭거리는 레르네 늪의 히드라, 불로 무장한 키마이라, 고르곤들, 하르피이아들, 게리온의 세 유령.

깜짝 놀란 아이네아스는 괴물들이 달려들까봐 검을 뽑았다. 만일 그의 현명한 동반자가 이것은 육신이 없는 혼백들의 펄럭거림일 뿐이라고, 살아 있는 것처럼 보이지만 실체 없는 가짜일 뿐이라고 알려주지 않았다면, 그는 그들에게 달려들어 빈 그림자를 칼로 갈랐으리라.

도하

아이네아스와 시빌라는 아케론강에 다다라 뱃사공 카론을 만났다. 죽은 자들이 무리지어 강변에 몰려들었다. (시빌라가 설명하길) 장례를 지내지 못해 강을 건널 수 없는 자들이었다. 아이네아스와 시빌라는 강을 건넜고, 머리가 셋 달린 케르베로스(시빌라가 약을 먹였다)를 지나쳐, 미노스왕의 심판을 받는 또다른 죽은 자들의 무리와 여러 불행한 영혼들을 만났다. 단죄의 장소를 지나 마침내 지복의 집에 도착한 그들은 앙키세스와 조우했다. 앙키세스는 로마인의 전체 역사(어쨌든 기원전 19년까지)를 "예견"하며, 아이네아스와 시빌라는 "잘못된 꿈이 지상세계로 올라가는" 상아의 문을 통해 지상세계로 돌아간다.

여기까지가 베르길리우스가 **자기 나름의** 목적에 따라 그려 낸 지하세계의 모습이다.

플라톤의 에르 신화

플라톤의 저작『국가』의 핵심은 소크라테스가 이상적인 국가는 어떤 모습이어야 하는가를 주제로 이끄는 토론이다. 주된 주장은 이상적인 국가란 만인이 옳고 그름을 분명히 구분할 줄 알아야만 가능하다는 것이다. 대화의 말미에 에르라는 군인에 관한 신화가 등장하는데, 그는 죽었다가 기적적으로 살아나 사후 세계에서 있었던 일을 설명한다. **다음** 생에 무엇으로 태어날지를 영혼이 직접 고르더라는 것이 이야기의 골자였다.

일단 영혼들 사이에 자리를 아무렇게나 흩어놓고 영혼들이 다음 생을 선택할 순서를 정한다. 순서가 정해지면 그들 앞에 여러 종류의 다음 생(사람이나 짐승)이 놓인다. 영혼의 수보다 다음 생의 수가 더 많기 때문에 제일 마지막에 선택하는 영혼도 좋은 생을 고를 수 있다. 하데스의 중재자는 말한다. "첫번째 사람은 신중해야 하오. 그리고 마지막 사람도 낙담할 필요는 없소." 이 대목에서 플라톤이 끼어든다.

이것은 분명 인간에게 대단히 중요한 순간입니다. 바로 이 때문에 우리는 이번 생을 사는 동안 좋은 삶과 나쁜 삶을 구별할 방법을 가르쳐줄 누군가를 찾기 위해 모든 노력을 경주해야 합니다.

영혼의 선택

에르가 이어서 이야기하기를, 첫번째 영혼은 주저 없이 제일 센 폭군의 삶을 골랐다. 하지만 그는 그 삶이 자기 자식들을 잡아먹는 등 끔찍한 죄악들을 저지를 운명을 품고 있음을 몰랐다. 오르페우스는 백조의 삶을, 아가멤논은 독수리의 삶을, 아약스는 사자의 삶을, 그리고 고난이 지긋지긋했던 오디세우스는 소박하고 평범한 시민의 삶을 골랐다.

이들이 다음 생을 고르는 동안 '필연(必然)'의 딸 라케시스의
말이 그들의 귀에 울린다.

선(善)은 자기만의 규칙을 만듭니다. 여러분 각자는 선에 가
치를 부여한 만큼 선해집니다. 책임은 신이 아니라 운명을 선
택한 자에게 있습니다.

이것이 플라톤이 소개하는 지하세계 신화다. 플라톤 역시 자
신의 목적에 따라 이 신화를 지어냈을 것이다.

세상은 변하지 않는다. 우리는 여전히 사후세계에 관해 고대
인들보다 더 알지 못하고 앞으로도 그러할 것이기에 결국 이야
기를 지어낼 수밖에 없으리라. 이 문제에 관해 수많은 다른 의
견이 있다. 어떤 것은 종교적 믿음에 기초하고, 어떤 것은 그렇
지 않다.

신들, 죽음, 삶

불멸의 존재였던 그리스·로마 신들은 늘 죽은 자들과 멀찍
이 떨어져 있었고 삶에서 죽음으로의 전환에도 아무런 역할을
하지 않았다. 지하세계의 신 하데스가 자기 영역을 다스릴 뿐
다른 신들은 그 근처에 얼씬하지 않았다. 게다가 하데스는―그
에게는 그 장소에서 따온 이름밖에 없었다―도덕적 순수 같은

것을 상징하는 신이 아니었다. 그를 모시는 숭배의식은 사실상 존재하지 않았다. 하데스는 그저 지하세계가 근사하게 유지되기를, 그리고 거기에 죽은 자가 가득하길 원할 뿐이었다.

그렇지만 하데스의 더 밝은 버전인 플루톤도 있었다. 플루톤에게는 아내가 있었는데 이름은 페르세포네 또는 프로세르피나 (이름만 다를 뿐 같은 신이다. 가령 산타클로스와 파더 크리스마스[영국에서 많이 쓰이는 명칭 — 옮긴이]의 차이다)였다. 플루톤의 이름은 '부(富)'를 뜻하는 그리스어 *ploutos*에서 왔는데 (영어로 '금권정치'를 뜻하는 plutocracy 참조), 땅은 미네랄이 가득하여 열매를 맺을 씨앗을 제공하기 때문이었다.

지금까지 보았듯이 고대인은 사후세계 때문에 괴로워하지 않았다. 그들은 대체로 지하세계를 단죄나 보상이 이루어지는 심판의 장소로 보지 않았다. 그리고 이는 한 가지 중요한 결과를 낳았다. 고대 종교에서는 신앙심이 점수로 매겨졌다고들 말한다. 제대로 된 의식을 제때에 치르는 것이 신앙생활의 전부였고, 그저 그것만 잘 지키면 별문제가 없었다. 사후세계에 어떠한 기대도 없으니 **이번** 생에서의 성패가 중요했고, 성공은 과연 신들이 내 편에 있는지에 달려 있었다. 결과적으로 누군가가 신들을 인정하길 거부하여 신들의 지위를 손상시켰다면 그는 처벌을 받기 위해 사후세계에 도착할 때까지 기다릴 필요가 없었다. 처벌은 지금 이곳에서 당신을 찾아올 것이었다.

탈락을 면하다

어떤 식으로든 사람이 죽음을 피해갈 수 있을까? 고대 신화는 이 주제를 탐색했다. 바빌로니아 신화의 영웅 길가메시는 불사(不死)를 추구하여 지하세계로 내려갔고, 여신 칼립소는 트로이아 전쟁을 마치고 아내 페넬로페에게 돌아가려는 오디세우스에게 불멸을 약속하며 자기와 함께 머무르라고 설득했다. 여신 테티스는 아들 아킬레우스를 죽음으로부터 구하려고 스틱스 강에 담갔으며―하지만 발뒤꿈치를 담그는 것을 잊어버렸다―빼어난 가수 오르페우스는 사랑하는 에우리디케를 다시 데려오려고 하데스로 내려갔다.

핵심은 이 모든 시도가 수포로 돌아갔다는 것이다. 그리스인들은 이 문제에 관련해 그 어떤 환상도 품지 않았다. 그들이 보기에 필멸과 불멸 사이의 골짜기에는 절대 다리를 놓을 수 없었다. 그러려고 시도한다는 것은 궁극적으로 '히브리스(hubris, 자만심)'며, 피하고자 했던 운명을 오히려 더 확실하게 불러올 방법이나 다름없었다. 에오스(새벽의 여신)와 그녀의 인간 연인 티토노스의 신화는 신들도 가끔 실수할 때가 있음을 보여준다. 에오스는 티토노스에게 영원한 생명을 주었지만 영원한 젊음은 깜빡하고 주지 않았다.

제10장

맺음말

메멘토 모리,
죽음을 기억하라

나이듦에 어떻게 대처할 것인가에 관한 로마인의 생각을 오늘날 대중매체는 거의 매일 앵무새처럼 옮겨 말한다. 식단을 조절하라, 사람들과 어울려라, 몸과 마음이 깨어 있도록 활발히 움직여라. 하지만 죽음이란 완전히 다른 문제다. 죽음은 감정적인 동요를 불러일으키며, 이는 살아 있는 사람에게나 죽어가는 사람에게나 똑같다. 따라서 고대인이나 다른 사람들이 죽음에 관해 들먹였던 **지적인** 논리는 그만큼 공허한 울림에 그칠 수 있다(세네카 참조, 120쪽). 하지만 '죽음과 싸우겠다'는 어리석은 각오나 죽음에 용감하게 맞서겠다는 영웅적인 선언도 공허하긴

매한가지다. 바로 이것이 현대인과 로마인의 가장 중요한 차이가 드러나는 지점이다. 로마인들은 결코 죽음과 '싸울' 수 있다고 생각하지 않았다. 그들은 현실 세계의 냉엄한 사실을 직시했다. 현대인은 그것으로부터 도망치려 한다.

현대 서구인은 급변하는 세상에 살고 있다. 과학과 기술 덕분에 그가 사는 세상에서 자연 세계는 이제 더이상 충분히 좋은 것으로 여겨지지 않으며, 그렇기 때문에 자연 세계는 그의 온갖 변덕에 맞출 수 있도록 조작되어야 한다. 우리는 날마다 누군가가 '노화 치료법을 찾아야 한다'고 말하는 것을 듣는다. 마치 노화가 무슨 질병이거나 진화 과정상 발생한 수정 가능한 결함이라도 되는 것 같다. 아니나 다를까, 유엔 대변인은 최근 세계가 직면한 가장 큰 도전과제 중 하나는 '노령화의 미래(the future of aging)'라고 진지한 목소리로 말했다. 그가 차마 쓰지 못한 표현은 아마 '죽음의 미래(the future of dying)'였을 것이다.

경제적 세계도 마찬가지로 조작 가능하다. 기술과 다양한 금융 기법을 지렛대 삼아 산업 경제의 힘을 모음으로써 만인을 위한 성장과 끝없이 증가하는 번영을 이루어내야 한다. 이는 참으로 오늘날 정부의 주요 목표 중 하나이자 거의 본연의 임무로 보인다.

이 멋진 신세계가 우리에게 제시하는 가능성은 그야말로 무한한 것 같다.

하지만 그러다 문득 현대인은 죽음을 마주하게 된다. 무엇이든 뜻대로 할 수 있을 것 같은 이 세상에 더이상 물러날 수 없는 무조건적인 지점을 남겨두어야 한다는 사실을 좀처럼 믿을 수 없다. 무엇이든 해야 한다. 많은 사람들이 뭔가 할 수 **있으리라**는 확신에 차 있다. 아니면 최소한 노화 작용을 억제할—심지어 뒤집을—방법이라도 주어져야 한다. 오래오래 사는 일이 어떤 강력한 도덕적 책무이거나 인간만의 미덕 혹은 혜택이라도 한 것처럼 말이다.

이에 대해 사람들이 보이는 한 가지 반응은 '60세는 새로운 20세'라는 희망 속에 활기차고 젊은 이미지를 유지하려 부단히 노력하는 것이다. 라틴어 이마고(*imago*, 영어 image의 어원—옮긴이)는 '초상(肖像), 거울상, 환영, 겉모습, 사본, 외관, 죽은 자의 가면'을 뜻한다. 그러니 세네카의 말을 빌려 당신에게 묻고 싶다. "당신이 연장하고자 하는 것은 과연 삶인가 죽음인가?" 어쩌다보니 인간이기 위한 모든 것의 궁극적 목표, 즉 본질적 표현이, 인생의 말년에 진짜 자기 모습을 가리기 위해 신체를 조작하는 것이 되어버린 셈이다. 다른 대안—제 나이대로 보이는 것이나 제 나이에 맞게 행동하는 것, 심지어 제 나이를 즐기는 것—은 절대 받아들일 수 없는 듯하다. 상황이 이렇다보니 심지어 죽음은 더 불공정하게 보일 수밖에. 현대 의학의 발전으로 기분은 십대 같은데 의사는 사실 죽음의 신이 당신을 조만간 영원히 데려갈 거라고 하니 말이다.

로마인의 세계는 자연—동물, 공기, 물, 땅, 모래, 흙, 금속, 돌,

나무, 식물, 그리고 당연히 인간(우리와 달리 로마인은 인간과 자연을 별개로 생각하지 않았다)―의 세계였다. 모든 것은 날 것의 상태로 놓여 있었다. 예외적으로 불이 사물의 상태를 변화시킬 수 있었고(예를 들어 요리, 금속 가공, 도예) 아니면 인간이 제한된 방식으로 실험을 했다(예를 들어 종이, 콘크리트, 아치―모두 중요한 발전이다). 힘의 원천은 오로지 바람, 파도, 인간, 동물뿐이었다. 그렇다. **화학적 합성물은 전혀 없었다.** 오늘날 같은 세계가 가능해진 것은 18세기 산업혁명 때 처음으로 열이 (증기를 통해) 운동에너지로 변환되고, 인간이 에너지(그중에서도 전기가 가장 놀라운 결실이리라)를 포착하여 다양하게 이용할 방법을 고안하면서부터였다.

게다가 로마인의 세계는 계절의 지배를 받았다. 계절은 날씨에 달려 있었고, 사람들이 종류에 상관없이 작물을 길러 먹고 살 수 있을지를 결정하는 것은 바로 날씨였다. 지독한 가뭄이 들면 수천 명이 죽었다. 양이나 염소같이 인간에게 쓸모 있는 짐승의 목숨은 포식자와 질병에 달려 있었다.

이는 인간에 있어서도 다르지 않았으며, 인간의 여러 포식자 중 하나는 바로 같은 인간이었다. 결론은 생존을 위한 싸움이었고, 내가 살아남으려면 남을 죽여야 했다. 생명은 신성하게 여겨지지 않았다. 침략군에 맞서 스스로를 지킬 수 없는 사람들은 생존에 실패했고 혹여 성공해도 노예가 될 뿐이었다. 적자만이 살아남았으므로 내가 적자가 되어야 했다. 로마인에게 자연은 이런 것이었고, 이것이 세계가 **존재하는** 방식이었다. 이에 대해 인간이 할 수 있는 일은 아무것도 없었다.

이렇듯 경쟁에서 이겨 계속 위로 오르려는 욕망—전쟁과 정치에서—이 있는가 하면, 공존공영 같은 협력을 대안으로 인정하는 자세도 있었다. 그러니까 로마인에게 연민이나 공감, 자비, 용서처럼 완벽하게 선한 단어들이 전혀 없었던 것은 아니다. 하지만 이러한 가치들은 기독교에서와 달리 절대적이지 않았다. 가령 '죽일 것인가 용서할 것인가?'를 고민할 때 가장 중요한 요소는 철저히 이해득실이었다. 로마인은 실리적인 민족이었다.

바로 이런 것이 로마인에게는 변함없는 실존의 조건이었고, 로마인은 이 현실을 인정했기에 신들을 숭배했다. **신들이** 자연 세계의 상태를 정하기 때문이었다. 영원히 반복되는 계절의 **변화**는 자연 세계의 주된 특징인 동시에 자연 세계가 존속되기 위해 반드시 필요한 것이었고, 이 계절 변화를 관장하는 것은 신들이었다. 데메테르 신화에서 그 예를 찾을 수 있다. 데메테르 여신의 딸 페르세포네가 지하세계의 신 플루톤(243쪽)에게 납치되자 모든 생명체가 죽어가기 시작했다. 이 재앙은 페르세포네가 6개월 동안 땅으로 돌아오고 비옥함이 찾아오자 해결되지만, 이후 6개월 동안은 황량한 겨울이 이어졌다. 신들에 대한 숭배는 대부분 이러한 계절의 변화와 연관되어 있었다. 즉 비옥한 6개월이 반드시 찾아오기를 기도한 것이다. 인간의 능력으로는 이를 해결할 수 없었다.

계절에 따른 자연의 삶과 죽음은 인간의 삶과 죽음에서 그대로 반복되었다. 그렇다고 해서 로마인이 죽음과 마주할 때 기쁨으로 전율했다는 뜻은 아니다. 세네카나 루크레티우스 같은 사상가들이 걱정할 필요 없다고 애써 안심시키는 것만 봐도 확실히 그렇다. 하지만 로마인은 죽음을 피할 방법이 있다고 생각지 않았으며 죽는다는 사실에 불만을 품지도 않았다. 죽음은 자연 세계가 **존재하는** 방식이었다. 죽음과 '싸운다'는 생각은 그들에게 어불성설이었다. 세네카는 물었다. 당신이 자연에게 복종해야겠는가, 자연이 당신에게 복종해야겠는가? 이 질문에 대한 현대인의 대답은 확실히 다르다. 현대인은 자연이 우리에게 복종해야 한다고, 우리 마음에 들지 않는 노화나 죽음을 차림표에서 지우는 것은 우리의 권리라고 말한다. 하지만 자연 세계가 버틸 수 있는 한계를 개의치 않는 인간의 태도(지구 온난화가 주된 예다)가 이미 매우 중요한 윤리적 쟁점이 된 지금, 이는 더없는 자기모순이다.

고대인이 우리보다 실제적인 관점을 갖고 있었다고 해서 삶의 마지막을 조금이라도 더 쉽게 견뎌냈던 것은 아니다. 소포클레스의 희곡에 등장하는 합창을 보자.

아예 태어나지 않는 것이 최선이지만, 기왕 태어났으면
떠나온 곳으로 되도록 빨리 돌아가는 것이 차선이라네.

이어서 노년을 이렇게 묘사한다.

괄시받고, 힘없고, 주변에 사람도 친구도 없이, 고통에 고통
이 겹겹이 쌓이네.

고대인의 삶과 사유 곳곳에 비관주의가 스며들어 있었으니,
이는 전혀 놀랍지 않다. 그들에게 삶은 짧고 잔인했으며 육신은
젊든 늙든 온갖 바이러스와 박테리아 감염에 노출되어 있었다.
인간은 자연이나 사건들(혹은 '운명'이라고도 했다)이 자신에게
던져주는 것을 최대한 스토아주의적인 태도로 기품 있게 받아
들일 수밖에 없었다. 인간도 국가도 이에 대해 아무것도 할 수
없었다.

결국 싸울 수 없다면 받아들여야 했다. 로마인은 마치 구약성
서 전도서에서처럼 '모든 것이 무상하다'(즉 헛되다)고, 주어진
한계 내에서 최선을 다해야 한다고 생각했다.

1. 하늘 아래에서는 모든 사물에 계절이 있고 모든 목적에 때
가 있으니,
2. 태어날 때와 죽을 때가 있고, 심을 때와 뽑을 때가 있고,
3. 죽일 때와 고칠 때가 있고, 부술 때와 세울 때가 있으며,
4. 울 때와 웃을 때가 있고, 슬퍼할 때와 춤출 때가 있다.

이것이 로마인이 세계를 이해하는 방식이었다. 세계는 영원하고, 변하지 않고 변화시킬 수 없으며, 양극단 사이에 있다. 하지만 이 세계는 자연과 완전한 조화를 이루며, 이곳에서는 죽음을 포함한 모든 것에 적절한 때가 있다.

이러한 로마인의 시각은 자연을 변화시키는 것—그리하여 개선하는 것—을 도전 과제로 여기는 현대인의 시각과 뚜렷한 대조를 이룬다. 자연이 시시각각 도전받고 있음을 보여주는 한 가지 예는 시각매체다. 한 여성이 "아, 아기가 정말 예뻐요!"라고 감탄하자 아기 어머니가 "그렇죠, 그런데 진짜는 사진을 봐야 돼요."라고 대꾸했다는 일화를 들어봤을 것이다. 최근 엘리자베스 2세 여왕이 어느 프로그램에 출연해 1953년에 있었던 자신의 대관식에 관해 이야기했다. 대관식의 주인공이 정말로 여왕이었다는 사실, 그러니까 훨씬 더 그럴싸한 광경을 연출했을 게 분명한 기네스 펠트로나 메릴 스트립이 아니었다는 사실은 우리에게 즐거운 놀라움을 선사했다. virtual reality(가상현실)라는 용어에서 virtual의 뜻을 생각해보자. 이 말의 유의어는 '흡사 ~와 다름없는', '유사(類似)한', '근사(近似)한', '상당(相當)한'이다. 달리 말하면 결코 실제가 아닌, 우리의 편안한 거실로 옮겨진 어떤 다른 이미지·그림·표상인 것이다. 상대에게 착각을 불러일으키려는 의도를 가진 사람의 입장에서는 아주 탁월한 어휘 선택이다. 이 말은 무척 온전하고 도덕적이며(한국어 '가상현실'의 '가상'은 가짜라는 뜻인 반면 영어 virtual은 '선한, 덕 있는'을 뜻하는 라틴어 *virtuous*에 어원이 있다—옮긴이) 실제보다 더 실제인 것처럼 들린다. 기만을 팔아먹고 사는 사람들이 최선을 다해 만들어내는 착각이다.

딸깍 하고 스위치만 누르면 자기 자신의 판타지가 될 수 있는 그 대단한 특권을 로마인들은 누리지 않았다. 그들은 영화가 아닌 실제 삶에서 기대할 수 있는 것과 기대할 수 없는 것을 명확히 구분할 줄 알았다. 로마인이 시도한 방법 하나는 불후의 명성을 추구하여 후세에 영원히 회자되는 것이었고, 다른 하나는 영혼의 불멸성을 주장하는 것이었다. 가장 현실적인 방법은 주어진 삶에 최선을 다하는 것이었다.

아우소니우스(서기 309~392년경)가 그런 예다. 교사이자 공무원이자 시인이었던 이 로마인은 오늘날의 프랑스 보르도 지역에 살았다. 유명 포도주 산지명인 샤토 오존(Château Ausone)은 그의 이름에서 온 것이다. 아우소니우스는 시인으로서 모젤강의 아름다움을 찬양했다. 아래의 시에서 그는 노년이 우리에게 가져다주는 크나큰 즐거움 중에—모두 다 좋지만—하나를 꼽는다. 마지막 네 행은 (매우) 축약적이다.

사랑하는 아내여, 우리에게 달라진 것은 없으니,
우리가 그날 밤 서로를 부른
그 이름을 언제나 간직합시다.
우리의 첫날밤을 떠올리나니,

그러니까 늙디늙은 우리가 그날을 떠올릴 때,
언제까지나
나는 당신의 '오, 젊은 남자!'이며
당신은 내게 '나의 아가씨!'입니다.
우리가 얼마나 늙었는지는
조금도 중요하지 않습니다.
우리 삶이 풍요롭다면
세월은 잊히기 마련이니까요.

위대한 시인 웬디 코프(Wendy Cope)는 더 간결하고 현대적인 언어로 표현했다.

우리가 절대 죽지 않는다면, 나는
그대를 이토록 자주, 이토록 힘껏 껴안지 않겠지요.

그러다 마침내 삶을 거의 다 살면 편안히 죽음을 받아들일 수 있다. 우리는 앞서 키케로가 노년의 죽음을 잘 익은 열매가 자연스레 떨어지는 것이나 오랜 여행을 마치고 뭍으로 다가가는 여행자에 비유한 것을 보았다. 스토아주의자였던 마르쿠스 아우렐리우스 황제는 이렇게 썼다.

삶이란 얼마나 하찮은가. 어제는 한 방울의 정액이었고 오늘은 시신 아니면 재다. 그러니 너는 이 덧없는 순간들을 자연이 너에게 의도한 대로 쓴 다음 흔쾌히 쉬러 가라. 때가 된 올리브 열매는 자신을 잉태한 대지를 축복하고 자신에게 생명을 준 나무에게 감사하며 땅으로 떨어진다.

저주의 판

저주의 판은 대개 납으로 만들었다. 일반적으로 판에 저주를 새긴 뒤 무덤이나 우물 속에 두었다. 당시 사람들은 단명한 사람의 영혼이 원래 정해져 있던 죽을 시기까지 이 땅을 떠돈다고 믿었다. 사람들은 저주의 판을 묻으며 이 영혼들이 사자의 신들을 만나면 자기들의 소원을 대신 빌어주길 기원했다. 저주의 판은 지중해 주변 지역에서 대략 1,500개 발견되었고 영국 바스 지역의 온천 아래 샘에서 130여 개 발견되었다.

저주의 판에는 못을 박아둔 경우가 많았다. 이 못은 문자 그대로 '못 박음'을 뜻하는 데픽시오(*defixio*)라고 불렸으며 저주의 대상을 지칭했다. 아래에 소개된 사례의 데픽시오는 플로티

우스라는 사람이다. 내용에서 알 수 있듯이 이 판은 플로티우스
의 저주를 받은 누군가가 제작했고 라틴어로 쓰여 있으며 기원
전 50년경 제작된 것으로 추정된다. 프로세르피나와 플루톤에
대한 상세 내용은 243쪽을 참조하자.

선하고 아름다운 프로세르피나, 플루톤의 아내여, 또는 당신
이 원하신다면 살비아라 부르겠사오니, 부디 플로티우스의
건강과 육신과 낯빛과 힘과 능력을 앗아가소서.
플로티우스를 당신의 남편 플루톤께 넘기어주소서. 플로티
우스가 자신의 기지로 이〔저주〕를 피하지 못하게 하소서. 플
로티우스를 열병에—나흘열에, 사흘열에, 날마다 열병에—
넘겨 이 열병들이 그와 씨름하고 싸우게 하소서. 그들이 플로
티우스를 제압하여 그의 영혼을 앗아가게 하소서.
그리하여 저는 이 제물을 당신께 바칩니다. 오, 프로세르피나
여, 또는 당신이 그리 부르길 원하신다면 아케루시아〔지하세
계의 아케론강을 일컫는다〕여. 저를 위해 머리가 셋 달린 개
〔케르베로스〕를 호출하여 플로티우스의 심장을 앗아가게 하
소서. 그가 3월에 이 일을 완수한다면 그에게 세 가지 선
물—대추와 무화과와 검은 돼지—를 주겠다고 약속하소서.
이 일이 순조롭게 이루어지면, 프로세르피나 살비아여, 제가
그것들을 당신께 제물로 바치겠습니다.
저는 당신께 아보니아의 노예 플로티우스의 머리를 바칩니다.

프로세르피나 살비아여, 저는 당신께 플로티우스의 머리를
바칩니다.

프로세르피나 살비아여, 저는 당신께 플로티우스의 이마를
바칩니다.

프로세르피나 살비아여, 저는 당신께 플로티우스의 눈썹을
바칩니다.

프로세르피나 살비아여, 저는 당신께 플로티우스의 눈꺼풀
을 바칩니다.

프로세르피나 살비아여, 저는 당신께 플로티우스의 눈동자
를 바칩니다.

프로세르피나 살비아여, 저는 당신께 플로티우스의

– 코털, 입술, 귀, 코, 혀, 이를 바치오니 그가 겪는 고통을 말
하지 못하게 하시고,

– 목, 어깨, 팔, 손가락을 바치오니 그가 스스로를 전혀 도울
수 없게 하시고,

– 가슴, 간, 심장, 폐를 바치오니 그가 겪는 고통의 원천을 찾
아내지 못하게 하시고,

– 내장, 위, 배꼽, 옆구리를 바치오니 그가 잠들지 못하게 하
시고,

– 어깨뼈를 바치오니 그가 깊이 잠들지 못하게 하시고,

– '신성한 기관'을 바치오니 그가 소변을 보지 못하게 하시고,

– 엉덩이, 항문, 허벅지, 무릎, 정강이, 발, 발목, 뒤꿈치, 발가

락, 발톱을 바치오니 그가 스스로 서지 못하게 하소서.

플로티우스가 무슨 말을 썼든, 그것이 대단하든 사소하든, 그가 〔나를 해하려〕 주문을 써서 맡겼듯이 저는 플로티우스를 당신께 넘기오니 그를 2월까지 처치하여 주소서. 그가 처참히 죽게 하소서. 그가 처참히 삶을 떠나게 하소서. 그를 처참히 파멸시키소서. 부디 그를 처치하여 그가 다음달을 맞지 못하게 하소서.

출처: 존 G. 게이저 『고대 저주의 판과 주문*Curse Tablets and Binding Spells from the Ancient World*』(옥스퍼드 대학출판부, 1992)

프로세르피나와 플루톤은 전체적인 요지를 충분히 이해했을 듯하다.

등장인물

이 책의 주요 등장인물 목록이다. 고대 사료를 통해 파악할 수 있거나 추정 가능한 경우 사망연령과 사망연도를 함께 적었다. 별표(*)는 자연사가 아닌 경우를 뜻한다. 평균 연령은 66세, 중간값은 63~64세다.

갈레노스, 71세 추정, 서기 201년경: 그리스 의사

루크레티우스, 45세 추정, 기원전 55년경: 원자론자, 시인, 『우주의 본성에 관하여』 저자

마르티알리스, 62세 추정, 서기 102년경: 풍자 작가

베르길리우스, 51세, 기원전 19년: 서사시 『아이네이스』 작가

소(小) 세네카*, 64세, 서기 65년: 철학자, 네로의 조언자

소크라테스*, 70세 추정, 기원전 399년: 철학자

아리스토텔레스, 62세, 기원전 322년: 그리스 생물학자, 철학자, 평론가

아우구스투스(옥타비아누스), 76세, 서기 14년: 율리우스 카이사르의 후계자, 최초의 로마 황제

아울루스 코르넬리우스 켈수스, 75세 추정, 서기 50년경: 로마 의사

유베날리스, 서기 130년경: 풍자시인

율리우스 카이사르*, 56세, 기원전 44년: 군인, 정치가, 독재관

대(大) 카토, 85세, 기원전 149년: 군인, 정치가

소(小) 카토*, 49세, 기원전 46년: 대 카토의 증손자, 군인, 정치가

키케로*, 63세, 기원전 43년: 정치가, 철학자, 웅변가, 서간문 작가

타키투스, 64세 추정, 서기 120년경: 로마제국 초기 역사가

페트로니우스*, 서기 66년: 네로 궁정의 풍자가

플라톤, 78세 추정, 기원전 347년: 철학자, 소크라테스의 제자

플루타르코스, 75세 추정, 서기 120년 이후: 그리스 철학자, 전기 작가

대(大) 플리니우스*, 56세, 서기 79년: 자연세계를 주제로 37권짜리 백과사전 저술

소(小) 플리니우스, 51세 추정, 서기 112년경: 원로원 의원, 서간문 작가

호라티우스, 56세, 기원전 8년: 서정시인

호메로스, 기원전 7세기: 그리스 서사시인, 『일리아스』와 『오디세이아』의 작가

히포크라테스, 83세 추정, 기원전 377년경: 그리스 의사

감사의 말

이 책의 '참고문헌' 항목에서는 당연하게도 관심이 끊일 줄 모르는 이 주제에 관한 자료들의 방대한 목록을 확인할 수 있다. 그중에서도 팀 G. 파킨(Tim G. Parkin)이 쓴 『고대 로마에서의 노년*Old Age in the Roman World*』이 가장 주된 참고 서적이었다. 여러 문제에 도움을 준 콜린 리치(Collin Leach)와 지니 코헨(Jeannie Cohen)에게 무한한 감사를 드린다.

이 주제에 관한 나의 감상은 아우소니우스의 짧은 시와 마르쿠스 아우렐리우스의 글(253~255쪽 참조)에 압축되어 있다.

역자 후기

도발적이라는 수식어가 자주 붙곤 했던 어느 현대 철학자는 말년에 고대 헬레니즘과 로마 문화의 '삶의 기술'에 집중했다. "아마도 다가오는 죽음이, 그리고 몇 달 후에 그것이 닥치리라는 예감이 푸코로 하여금 자신이 그토록 열심히 읽었던 세네카의 '철학적 삶'을 본떠서 평온의 길을 택하게 했던 것 같다. 푸코는 자기 문체에 변화를 일으킬 만큼 고대의 지혜를 내면화시킨 것 같다."(디디에 에리봉, 『미셸 푸코, 1926~1984』) 고대 그리스·로마 시대에 실로 중요한 철학적 주제는 어떻게 살아야 하는가, 즉 삶의 기술이었다. 올해 초부터 동네 철학세미나에 참여하며 새롭게 알게 된 이러한 내용들은 이 시대 철학이라면 플라톤의 이데아론이나 근대 과학의 시초로 통하는 원자론부터 떠올리던 내게 신선한 충격이었다. 이 시대 철학자들에게 삶의 기술은 늘 죽음과 긴밀히 연결되어 있었다. 그러니 고전학 연구와 강의에 평생을 바친 저자 피터 존스가 나이듦과 죽음에 관한 지혜를 고대에서 찾아보고자 시도한 것은 어쩌면 자연스러운 흐름인지 모르겠다.

세네카가 보기에 "좋은 죽음은 우리가 인생을 어떻게 사느냐에 달려 있"었고 "우리를 삶과 묶어주는 끈은 단 하나뿐이니 그것은 바로 삶에 대한 사랑"이었다. 세계의 필연성과 자연의 섭리를 강조했던 스토아주의자들에게 노년과 죽음은 그동안 가다듬어온 평정심이 결실을 거두는 때였다. 노년과 죽음에 대해 저자가 보이는 자세도 이와 그리 다르지 않다. 자연을 이용해야 할 대상으로 보는 현대인들의 대립적 세계관을 경계하는 저자는, 인간의 유한성을 겸허히 받아들임으로써 우리에게 주어진 시간을 최대한 풍요롭게 살아가자고 힘주어 말했던 고대인들에게 우리 현대인들이 귀기울일 것을 권한다.

그렇지만 이 책은 진지한 고대 철학만을 담고 있지는 않다. 철학자들의 깊이 있고 지혜로운 명구가 사색할 거리를 주기도 하지만 평범한 생활인들의 목소리 역시 생생하게 담겨 있다. 실로 광활했던 고대 그리스와 로마 세계 곳곳에서 발견된 비문에 적힌 문구 또한 사료로 풍성하게 활용한 덕분이다. 당시 지배층이던 귀족들부터 해방노예를 비롯한 하층민까지 다양한 계층의 생활상을 엿볼 수 있다는 것은 이 책의 장점이다. 당시 노인의 기준이 될 법한 나이가 어느 정도였을지 가늠해보기도 하고, 각장에서 다루어지는 키워드와 관계된 문화사 ─당시 직업, 먹거리, 장례 풍경, 의료계 분위기 등 — 를 풍부하게 다루고 있어 고대의 실상이 퍽 가깝게 다가온다. 고대인들 특유의 재담도 군데군데 자리해 소소한 재미를 준다.

저자는 이따금 '우리 노인들'이라는 표현을 쓴다. 실제로 그의 글에서는 한 분야에 오래 천착해온 노학자의 여유가 느껴진다. 짧은 호흡으로 쓰여 있어 나이듦과 죽음이라는 무거운 주제를 다루고 있음에도 가볍게 읽히니, 고대 그리스·로마 시대 문화에 큰 부담 없이 가까워질 수 있는 책이 되어주길 기대해본다.

플라톤의 『국가』, 호메로스의 『오디세이아』 등 본문에 인용된 고전 문헌의 번역은 천병희 번역본, 〈정암학당 플라톤 전집〉 시리즈 등 기존 번역본을 함께 참고했음을 밝혀둔다.

참고문헌

Allason-Jones, L., *Women in Roman Britain* (British Museum Publications, 1989)

Attalus.org

라틴어 명문 중에서 비문: http://attalus.org/docs/cil/epitaph.html

라틴어 명문 중에서 추도문: http://attalus.org/docs/cil/elogia. html#add.1

Barney, S. A., Lewis, W. J., Beach, J. A. and Berghof, O. (tr.), *The Etymologies of Isidore of Seville* (Cambridge University Press, 2006)

Brickhouse, T. C. and Smith, N. D., *The Trial and Execution of Socrates* (Oxford University Press, 2001)

Bond, S., *Trade and Taboo: Disreputable Professions in the Roman Mediterranean* (University of Michigan Press, 2016)

Bradley, K. R., *Discovering the Roman Family: Studies in Roman Social History* (Oxford University Press, 1991)

Braund, S. M. and Gill, C. (eds.), *The Passions in Roman Thought and Literature* (Cambridge University Press, 1997)

Carroll, M., *Spirits of the Dead: Roman Funerary Commemorations in Western Europe* (Oxford University Press, 2006)

Cokayne, K., *Experiencing Old Age in Rome* (Routledge, 2003)

Dover, K. J., *Greek Popular Morality in the Time of Plato and Aristotle* (Blackwell, 1974)

Edwards, C., *Death in Ancient Rome* (Yale University Press, 2007)

Eyben, E., *Restless Youth in Ancient Rome* (Routledge, 1993)

Falkner, T. M. and de Luce, J. (eds.), *Old Age in Greek and Latin Literature* (State University of New York, 1989)

Flower, H. I. (ed.), *The Cambridge Companion to the Roman Republic* (Cambridge University Press, 2004)

Green, R. M. (tr.), *Galen's Hygiene* (Illinois, 1951)

Harlow, M. and Laurence, R., *Growing Up and Growing Old in Ancient Rome* (Routledge, 2002)

Hope, V. M., *Roman Death: The Dying and the Dead in Ancient Rome* (Continuum, 2009)

Hope, V. M. and Huskinson, J. (eds.), *Memory and Mourning: Studies on Roman Death* (Oxbow, 2011)

Hopkins, K., *Death and Renewal* (Cambridge University Press, 1983)

Jones, P., *Veni Vidi Vici* (Atlantic, 2013)

Jones, P., *Quid Pro Quo* (Atlantic, 2016)

Keppie, L., *The Making of the Roman Army* (Batsford, 1984)

Kertzer, D. I. and Saller, P. (eds.), *The Family in Italy: From Antiquity to the Present* (Yale University Press, 1991)

King, H. (ed.), *Health in Antiquity* (Routledge, 2005)

Laes, C. and Strubbe, J., *Youth in the Roman Empire: The Young and Restless Years?* (Cambridge University Press, 2014)

Lattimore, R. A., *Themes in Greek and Latin Epitaphs* (Illinois, 1942)

Lefkowitz, M. R. and Fant, M. B., *Women's Life in Greece and Rome* (Bloomsbury, 2016)

Leroi, A. M., *The Lagoon: How Aristotle Invented Science* (Bloomsbury, 2014)

McKeown, J. C., *A Cabinet of Ancient Medical Curiosities* (Oxford University Press, 2017)

Minois, G., *History of Old Age: From Antiquity to the Renaissance* (University of Chicago Press, 1989)

Morgan, T., *Popular Morality in the Early Roman Empire* (Oxford University Press, 2007)

Parker, H. N. (tr.), *Censorinus: The Birthday Book* (University of Chicago Press, 2007)

Parkin, T., *Old Age in the Roman World* (The Johns Hopkins University Press, 2003)

Parkin, T. and Pomeroy, A. J., *Roman Social History: A Sourcebook* (Routledge, 2007)

Payne T., *The Ancient Art of Growing Old* (Vintage, 2015)

Rawson, B. and Weaver, P. (eds.), *The Roman Family in Italy:*

Status, Sentiment, Space (Oxford University Press, 1997)

Rawson, B., *Children and Childhood in Roman Italy* (Oxford University Press, 2003)

Saller, R. P., *Patriarchy, Property and Death in the Roman Family* (Cambridge University Press, 1994)

Shelton, J., *As the Roman Did* (Oxford University Press, 1998)

Toner, J., *Roman Disasters* (Polity, 2013)

———, *The Ancient World* (Profile, 2015)

Verboven, K. and Laes, C. (eds.), *Work, Labour and Professions in the Roman World* (Brill, 2016)

Walker, H. J. (tr.), *Valerius Maximus: Venerable Deeds and Sayings* (Hackett, 2004)